沖縄（多良間）

普通、交通標語の看板を立てる場所なんですが……

タイ

運河沿いには寺院が多い。僧も運河を伝って寺に向かう

ベトナム

ローカル列車で女は働き、男はトランプ博打。アジアだなぁ

韓国

フェリーが港に入っていく。釜山の街を眺め続けていた

大阪港を離れたフェリーは、明石海峡大橋をくぐる。船旅がはじまる

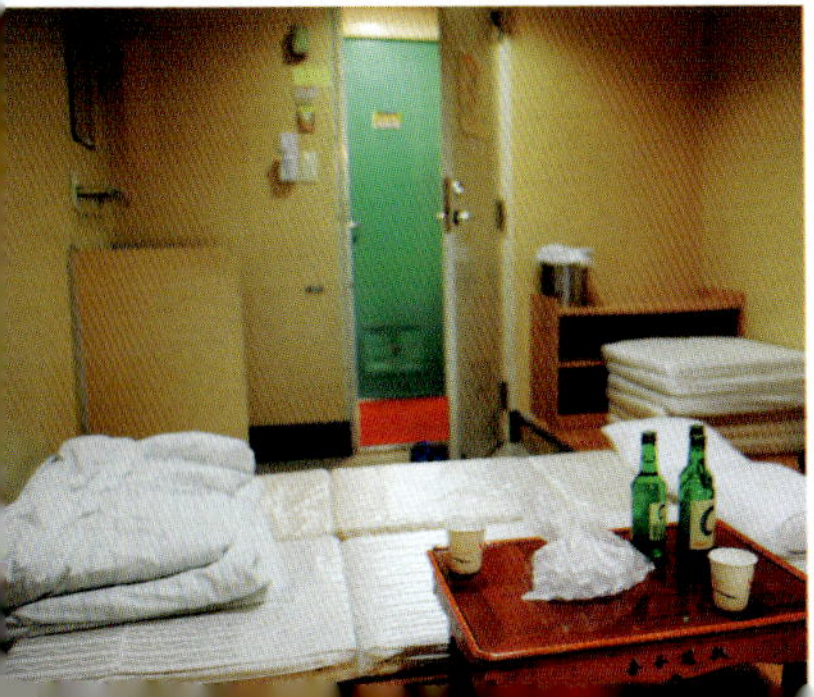

タコ、エビ、タチウオ……。なんでも一緒に炒めちゃう釜山の料理（右上）
道端の気楽な会話（右下）
釜山港に近い商店街。活気はいまひとつ（左上）
釜山の路上に干されたウエディングドレス。こんなことしていいんでしょうか（左中）
大阪港から乗り込んだフェリー。スタンダード部屋。いちばん安いクラスです（左下）

台湾の北海岸をローカルバスが進む。冬の海が車窓に広がる

台湾の人々は食べることへの愛着。テーブルを囲む顔でわかります

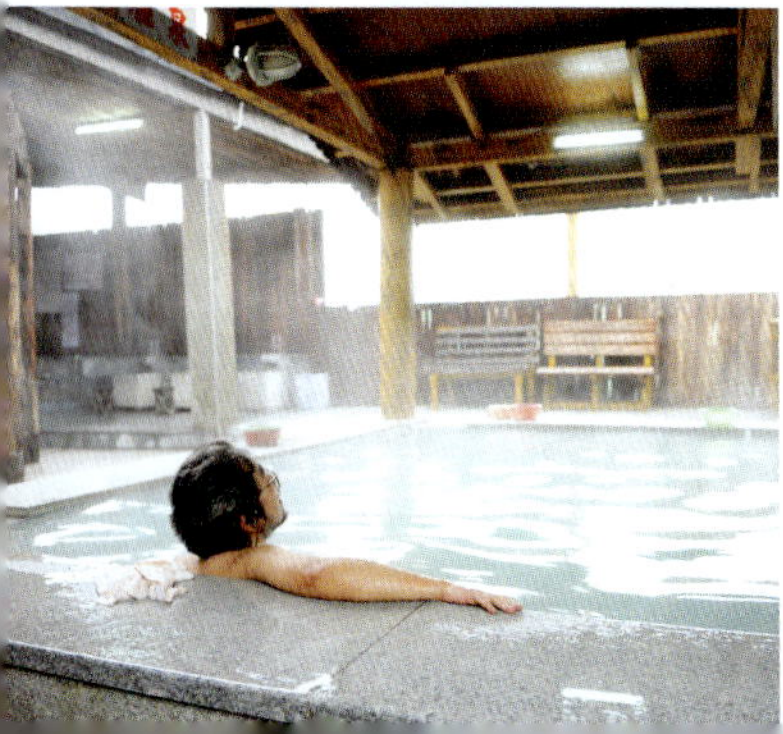

台湾の料理はどれも優しい味がする。この金山の鴨肉も（右上）
派手さは台湾の廟の必須条件？（左上）
台湾の秘湯（？）馬槽温泉の番台。温泉好きは「露天」の文字に気もそぞろ（左中）
このイオウ泉に浸るまで、東京から6時間。日本では皆、仕事をしてるんだろうなぁ（左下）

マレーシア
シンガポール

船がバトゥパハ川を進みはじめた。熱帯雨林の森に分け入っていく

シンガポールのインド人は穏やかな顔をしている。いつもそう思う

金子光晴が滞在した時代もいまも、バナナの味だけは変わらない（右上）
バトゥパハ川から眺める旧日本人クラブ。老朽化しても威厳だけはある？（左上）
シンガポールのリトル・インディア（左中）。この周辺は、いまも再開発が進んでいる。しかしマレーシアのバトゥパハ（左下）では、80年前の建物が、いまも現役。この違いに戸惑いもする

立ち小便をしながら見あげる夜空。星星峡……。寒い

北京行き列車のウイグル人。
彼らの土地と漢民族の世界
の境界が星星峡だ

中国

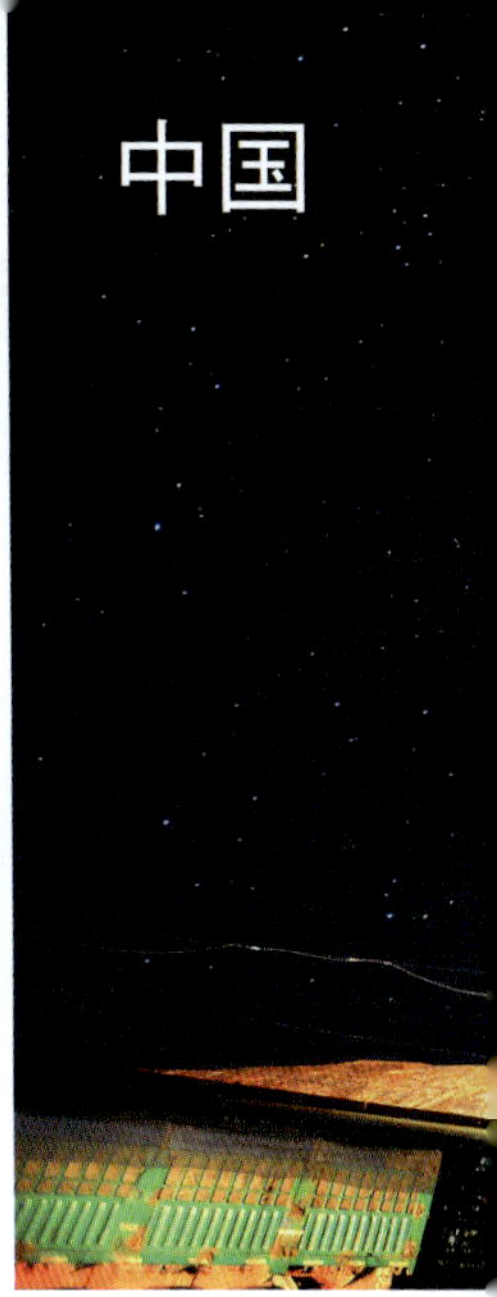

腰の強いウイグル麺。温かいが、あまりの寒さで、食べているうちに冷麺に。ちょっと辛い（左上）
これがいまの星星峡。詳しくは本文で（左中）
星星峡の頼りないストーブ。中央の四角いスペースで熱を溜める構造なのだが……（左下）

マレーシア

マラッカ海峡の夕焼け。週末のぜいたく

羽田空港とクアラルンプールを結ぶＬＣＣ、エアアジア。週末アジア旅には欠かせない格安の足だ（上）

宮古島の空港と多良間島を結ぶプロペラ機。頼りないフェリーに代わって活躍中（右上）
マイナス20度のウルムチ空港。この飛行機で日本に戻った（左上）
大阪港で出航を待つパンスターフェリー。立派な船だ（左中）
スカイマークは日本のＬＣＣの草分け。成田空港から宮古島まで利用した（左下）

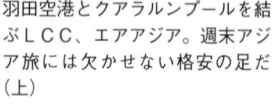

週末アジアでちょっと幸せ

下川裕治　　写真・中田浩資

朝日文庫

本書は二〇一一年十一月から二〇一二年六月まで、朝日新聞社ウェブサイト「どらく」に連載された「週末アジア旅」を元に新たに書き下ろし、写真を追加して構成したものです。

週末アジアでちょっと幸せ●目次

はじめに　7

第一章　韓国　大阪〜釜山
釜山に向かうフェリーで、手品を習ってみようかと思ってみる　13

第二章　台湾　台北〜馬槽花藝村《マーツアオホアイー》
台湾の秘湯で、「後ろめたさ」という湯あたりに浸ってみる　45

第三章　マレーシア　マラッカ
日本からのメールには返信せず、
夕日を見ながら、こそっとビールを飲む　77

第四章　シンガポール　マレーシア　バトゥパハ川
金子光晴の『マレー蘭印紀行』のように、
熱帯雨林の深い森に堕ちていってみる　109

第五章　中国　星星峡《シンシンシャ》
そこから先は果てしない異国といわれる街で、
寒さに震えながら星を眺める　147

第六章　沖縄　多良間島
本土のルールを無視したアナーキーな島で
浮遊感を味わう　191

第七章　ベトナム　ドンダン―憑祥《ピンシャン》
国境を歩いて越えるという憧れの一時間　223

第八章　バンコク　プラカノン運河、センセープ運河
街の底を走るような運河船に乗って、
バンコクの街をぼんやり見あげる　257

地図作成　岡田三義

はじめに

週末にアジアに行く――。

飛行機を使えば、それほど大変な旅ではない。現地の滞在時間もそれなりにとれる。いい気分転換になるだろう。円高が進めば、日本の行楽地に週末に出かけるより安くあがるかもしれない。

そんな書籍が何冊も出ている。ガイド系の内容が多い。そのページをぱらぱらとめくりながら、ふと、考え込んでしまう。

「僕は週末にこんな旅をするだろうか」

昔から、変わり者の旅行者だった。あれはなんの本だったか、読者から手紙をもらったことがある。

「旅先でなにもしなくてもいいって、はじめていってくれました」

そういう内容を強調して書いたつもりはないのだが、どうも僕は、旅先でなにもしない旅行者らしい。実際、なにもしていない。悪いことはしていないが、誇れるようなこともしていない。人に伝える旅のガイド情報も少ない。

食べ物の話もあまりしない。食べる場所は、いつもその場で決めているし、だいたい味覚というものは個人差がありすぎる。腹が減っていればなんでもおいしい。買い物にも興味はない。マッサージも嫌いだ。人に触られるぐらいなら、自分でストレッチ体操をする。

しかし旅は好きだ。僕の人生から旅を抜いたら、いったいなにが残るの？　といわれるほど旅をしてきた。

なぜ旅に出るのか。「人はなぜ山に登るのか」という問いかけの答に似た、含蓄のある言葉を期待する人には申し訳ないが、僕の答はいたって単純である。

逃げたいから。

ただそれだけである。仕事や知り合いや家族からの逃隠である。

だから日本の日々を持ち込みたくないのだろう。「明日までにこのメールの返事をしなくちゃ」、「パンはあの店で買うとクーポンが貯《た》まる」、「駅前に安いお好み焼き屋がオープンした」……そういうテンションをパスポートに出国スタンプが捺された瞬間に忘れたいのだ。そして、妻をパリに送り、熱帯雨林に分け入る金子《かねこ》光晴《みつはる》の世界を追い、歩いて国境を越え、星星峡をめざす。

しかし僕にはいくじがない。糸が切れた凧になる勇気がない。ぎりぎりまで行くのだが、引き返してくる。「ちょっと幸せ」という言葉に、苦笑いしながら、日曜日の晩、日本に向かう飛行機に乗り込むのだ。週末の疑似逃亡は、パスポートに入国スタンプが捺されて終わる。

そんな旅を八章の旅物語にまとめてみた。

すべて中田《なかた》浩資《ひろし》カメラマンとのふたり旅だった。旅は朝日新聞社のウェブサイト「どらく」の「週末アジア旅」に連載された。本書は書籍用に書き下ろし、大幅に写真を加えた。

出版にあたり、朝日新聞出版の諏訪満里子さんのお世話になった。

二〇一二年六月

下川裕治

著者（右）とカメラマン中田浩資氏（左）。2012年４月、ベトナム・ハノイにて

週末アジアでちょっと幸せ

第一章　韓国

釜山に向かうフェリーで、手品を習ってみようかと思ってみる

大阪〜釜山

フェリーに乗り込むタラップを上りながら、何回も首を捻《ひね》っていた。このまま乗り込んでしまうのだろうか。チケットを見せ、コンテナが雑然と置かれた岸壁を歩き、いまタラップに足をかけている。その途中に荷物のチェックはなにもなかった。いや、この先で検査が待っているのだろうか。

飛行機に乗り込むときには、煩雑なセキュリティーチェックを受けなければならない。百ミリリットル以上の液体は持ち込めず、パソコンは鞄《かばん》からとり出さなくてはならない。このルールが空港によってずいぶん違う。ベルトをはずし、靴を脱ぐことを要求されることもある。かと思えば、パソコンは鞄のなかに入れたままでいいといわれる空港もある。

このセキュリティーチェックというものが嫌いだ。執拗《しつよう》なチェックが続くと、しだいに腹だたしくなってくる。たてつくと飛行機に乗ることができないから、羊のように従順に長い列につく。しかしなぜここまで……と考えてしまうのだ。必要以上のストレスに晒《さら》されているような気がしてしかたない。

しかし、いつの間にか、このセキュリティーチェックというものが体に染みついてしまった。さして広くもない大阪港国際フェリーターミナルのロビーに、乗船案内が響いたとき、パブロフの犬のように、残っていたペットボトルの水を飲み干し、空いたボトルをゴミ箱に捨てていた。

だが、チケットを渡し、出国審査が終わっても、セキュリティーチェックの物々しい機械は現われなかった。そしていま、タラップを登っている。ロビーという表示が見えてきた。そこで荷物をチェックするのだろうか。

「……ん？」

耳に届いたのは、ピアノとチェロの音だった。音が聴こえる方向に目をやると、そこにはいかつい X 線の機械はなく、アジア系の女性がグランドピアノを弾き、その横で黒いドレスを着た白人女性が弓を動かしていた。

呆然《ぼうぜん》としてしまった。

心地のいいクラシックが流れるロビーで部屋の鍵を受けとった。これですべての手続きが終わってしまった。結局、セキュリティーチェックはなかった。堂々と水の入ったペットボトルを持ち込んでもよかったのだ。携帯電話の電源を切るようにもいわれなかった。フェリーの搭乗手続きというものは、こういうものらしい。アルカイダにしても、海上をのんびりと進むフェリーなど、相手にしていないのだろう。それはありがたいことだが、世界の表舞台からとり残されてしまった気にもなる。いや、飛行機の搭乗手続きが異常なのかもしれないのだが。

指定されたスタンダードという部屋に入った。いちばん安いクラスである。昔のフェリーでいったら二等客室。大部屋雑魚寝部屋だ。最近はそれを小部屋に分けているらしい。四畳半ほどの広さがあった。そこに幅が数十センチのマットが六枚にふとん……。本来は六人用の部屋だった。どうも今日は乗客が少ないようで、そこを僕と中田浩資カメラマンのふたりで使わせてくれるらしい。

部屋の中央に角の塗装がはげかけた木製の卓袱台《ちゃぶだい》が置かれていた。隅に荷物を置き、その台の前に座ると、妙に落ち着いてしまう。日本茶を啜《すす》りながら、

「最近、本が売れませんなぁ」

などと世間話をしちゃいそうな雰囲気なのだ。雑魚寝で眠ってしまう旅を思い描いていたわけだから、座敷のような空間には多少の戸惑いもある。旅というものはプランがあり、相応の心構えというものがある。たとえば、飛行機のビジネスクラスに乗る旅で、バックパッカーが背負うザックをチェックインカウンターで預けるというのも……という感覚である。その伝でいえば、僕と中田氏はザックを背負っ

フェリーに乗り込むと、ピアノとチェロに出迎えられる。こちらが照れる？

出航を待つ。この時間が長い。しだいにビールもぬるくなっていく

パンスターフェリーのロビー。こうして見ると立派なのだが

てきたわけで、やはり大部屋雑魚寝が似合っていた。

ところがピアノとチェロの演奏で出迎えられてしまった。これはドレスコードがあるようなパーティーに、Tシャツと短パンで出向いてしまったようなものだった。そして部屋には卓袱台なのである。

互いに顔を見合わせた。

「俺たちの旅は、こんなに豪華だったたっけ……」

「片道一万四千五百二十五円の運賃しか払ってないんだよな」

「あと燃油サーチャージが千円で、港の利用料が六百円……」

そういう問題ではなかった。

週末アジア旅――。

アジアは距離的には近いが、やはりその足は飛行機が主流である。仕事柄、空を飛ぶ機会はどうしても多くなる。しかし飛行機という代物が、旅をする乗り物かというと、ずいぶん味気ない。移っていく景色というものがない、流れる雲や夕日は美しいが、その眺めは、人が生きている世界とは違う。一万メートルの上空なのだ。

客室乗務員はときどき、飛行機が目的地の空港に着いたとき、「空の旅をお楽しみいただけましたでしょうか」とアナウンスをする場合がある。それを耳にするたびに違和感を覚えてしまう。楽しんだのは、モニターで観《み》た映画ではなかったのかと思ってしまうのだ。

セキュリティーチェックにはじまり、狭い座席で食事をとり……という一連の流れは、分刻みで進んでいく。何回か乗っていると、客室乗務員の段どりが気になってきたりする。そのテンションは、どこか仕事に通じてしまっている。しかし船や列車の旅は違う。なかなか目的地に着かず、ひと寝入りしてもまだ走っている……といった世界なのだ。そのなかで、ただぼんやりと窓の外を眺めている。

やはり旅は船か列車だよな。

日本は島国である。週末にアジアに向かう足から飛行機をはずした。船旅が残った。

日本とアジアを結ぶ船は、採算がなかなかとれないのか、その路線は減りつつあるようだった。それでも、大阪、神戸と中国の上海《シャンハイ》を結ぶ新鑑真《しんがんじん》、下関と釜山《プサン》の間を走る関釜《かんぷ》フェリー、博多と釜山の間にビートルという高速船も就航していた。そんな船旅を地図を眺めながら思い描いていると、ふと、胃のむかつきが蘇《よみがえ》ってきてしまった。

船酔いである。

飛行機の移動には旅心がない。やはり仕事から解放される乗り物といったら船だよなぁ……などと、旅への思いを膨らませていたが、僕は船の揺れに弱かった。

もう二十年以上前になるが、『12万円で世界を歩く』という旅の企画で、上海に向かうフェリーに三回乗った。いまは新鑑真という新しい船になったようだが、当時はその前身で、鑑真号と名づけられていた。このフェリーは、大阪か神戸を出港し、四国沖を通り、鹿児島の南を航行して上海をめざした。東シナ海に出ると、急に船体は揺れはじめる。すると間もなく、胃のあたりが重くなり、やがて吐き気が襲ってくる。こうなるともういけない。食欲は消え、ただ床に横たわるしかない。そんな一夜が明けるとフェリーは大陸に近づき、やがて長江に入っていく。この頃になると揺れはおさまり、同時に空腹が襲ってくる。なにしろ丸一日近くなにも食べていないのだ。最後には船酔いも長江やその支流の黄浦江《ホワンプージャン》に吸い込まれ、元気になるから記憶にも残りづらく、この船に三回も乗ってしまった。

博多から釜山に向かう高速船では、ついに耐えきれずに吐いてしまったこともある。高さ一・五メートルほどの波間を進む高速船は、ジェットコースターのように浮き沈みしたのである。

船旅の辛い経験が蘇り、気分が一気に沈みかけていたとき、ひとつのフェリーが目にとまった。大阪と釜山を結ぶパンスターフェリーだった。そのサイトを開くと、午後三時十分に出発し、午前三時三十分から四時の間に関門大橋を通過することになっていた。

「……ということは、波が高くなる対馬《つしま》海峡に突入するのは午前五時頃かもしれない。……ということは、午前四時頃まで、波の穏やかな瀬戸内を航行する」

これはいけるかもしれない。深夜まで船内で酒でも飲めば、白川夜船の間に対馬海峡を通過し、午前十時という釜山到着の頃には、船酔いなど知らずに、港に降り立っているかもしれなかった。これを旅のオプティミストというのかもしれないが、船酔いトラウマはみごとに霧散していってしまった。

出航日が月曜、水曜、金曜というスケジュールも、週末旅行には好都合だった。金曜日を休み、朝に東京を出発すれば、出航時刻に間に合う。土曜日は釜山に泊まり、日曜日の夕方の飛行機で戻ればいい。出航が午後三時十分だから、関西圏に暮らす人なら、金曜日の昼頃まで仕事ができる。

運賃が一万五千円ほどというのもありがたかった。釜山間の飛行機もLCC(ローコストキャリア)の登場で、だいぶ運賃を下げていたが、ここまで安くはなかった。

船室に荷物を置き、船内を探索する。ロビーに面して売店と免税品店がある。奥にはレストラン。船室通路に沿って浴室。のぞくと浴槽のほかにサウナもある。階段を上り、デッキに出てみる。いまにも雨が降りはじめそうな重い雲が大阪港の上に広がっていた。

部屋に戻ったが、出航する気配は伝わってこなかった。

乗船の受け付けがはじまったのは、午後の一時半だった。窓口に並んだのは四、五人だった。数十人の団体客はいたが、事前に受け付けをすませているようだった。この船の定員は七百人近かったが、今日はだいぶすいている雰囲気だった。

「これなら予約などしなくても、当日、ここにやってきても乗れるのかもしれないな」

そんなことを考えてみる。部屋にいても暇なので、船内をもうひとまわりして時計を見ると二時半だった。

「出航まで四十分か……」

中田カメラマンを誘ってデッキに出ることにした。途中で出航のお祝い用にとひと缶二百五十円のビールを買った。デッキにあるベンチに陣どった。

出ない……。

港を離れる予定時刻になっても、船は動く気配を見せなかった。エンジンが回転し、重油の臭いは漂ってくるのだが、船員たちは錨《いかり》をあげようともしなかった。出航と同時にビールの栓を開けようと思っているのだが、そのときがやってくる気配がない。

船の時間感覚だった。最近の飛行機は、運航効率をあげることに必死である。世界で急速に、その路線を広げているＬＣＣは、空港の駐機時間が三十分以下に設定されている。客室乗務員は、機内から降りている最中から掃除をはじめる。新しい乗客が座り、ドアが閉められると、

「定時運航に協力いただき、ありがとうございました」

というアナウンスが流れることがある。乗務員の動きは俊敏で、乗客がもたもたしていると睨《にら》まれそうな気配すらある。世のなかは、どんどんせち辛くなってきている。

しかしこのフェリーは、出航時間をすぎても、動こうとしなかった。

「突然の別世界ですよね」

中田氏が伸びをしながらいった。朝、東京駅で新幹線に乗り、大阪の地下鉄を乗り継いで港までやってきた。それはごく普通の、日本のなかに流れる時間なのだが、フェリーに乗り込んだとたん、なにかが緩んでしまう。

「日本の風景に囲まれているけど、僕らはもう、日本を出国しちゃったしね」

「やっぱり、別世界ですよ」

それでもフェリーは出航しなかった。

フェリーは音もなく、岸壁を離れていった。作業着姿の船員が錨《いかり》につながったワイヤーを巻きあげる装置のスイッチを押し、しばらくするとフェリーは動いていた。テープが飛び交う出航を期待していたわけではないが、汽笛ぐらい鳴らすものだと思っていた。

船は大阪湾のなかを弧を描くように進み、やがて船首を西に向けた。ここから十時間近く、瀬戸内海を西へ、西へと進むことになる。

大阪港を離れて一時間ほど進むと、明石《あかし》海峡大橋の下をくぐる。その次に瀬戸大橋の下を通るのだが、それは夜の八時頃になってしまう。瀬戸内海に架かる橋を下から撮影できるのは明石海峡大橋だけだった。そういう写真を撮って、どこが楽しいのだろうとも思ったが、船旅というものは暇だから、橋の通過は一大イベントになるようだった。乗客たちはぞろぞろと階段を上っていく。僕らも後ろについて、いちばん上のデッキに出た。

船窓からも見えていたのだが、改めてデッキから海を見渡すと、思った以上に漁船が多い。フェリーは、波に揺れる木造船を横目に見ながら進んでいく。フロントの掲示板に速度は二十五ノットと出ていた。時速に換算すると四十六キロほどである。瀬戸内海に浮かぶ船のなかでは、かなり速い船に思える。

デッキの上は風が強かった。波はそこそこあるのだが、フェリーはほとんど揺れなかった。この程度なら、船酔いにならずにすみそうである。

明石海峡大橋が近づいてきた。橋の上を走る車まで見える。橋はあっという間に通りすぎてしまった。

夕食は七時半からだった。運賃には夕食と朝食が含まれている。レストランに向かうと、ほとんどの席が埋まっていた。韓国人が多かった。こんなに韓国人が乗っているとは思わなかった。ロビーやデッキで目にするのは、日本人ばかりだった。彼らは船室で寝ていたのかもしれない。

彼らはおそらく、このフェリーに乗って釜山からやってきたのだろう。日本に向かうときはテンションも高く、デッキから海を眺めていたのかもしれないが、帰りも同じフェリーなのだ。売店に並んでいる品も知っているし、明石海峡大橋も眺めたのかもしれない。旅の疲れがどっと出たのに違いない。旅とはそういうものだ。酒好きの彼らも、ソジュという韓国焼酎も飲まず、黙々と料理を口に運んでいた。

隅のテーブルに席をみつけ、食事をとりにいった。ビュッフェスタイルだった。酢豚に餃子《ギョーザ》、スパゲティといった日本の料理もあれば、キムチや赤い炒《いた》め物など、韓国の料理もトレーに並んでいた。刺身には醤油《しょうゆ》のほかにコチユジャンもつく。それらを皿にとり、テーブルに戻ろうとしたが、箸がない。探していると、厨房《ちゅうぼう》のドアが開き、大量の箸をかかえた白人女性が現われた。黒い前かけ姿だった。

「……ん?」

チェロを弾いていた女性だった。

彼女は出航前に船を降りたのだと思っていた。しかし乗客を迎えるために雇われたアーティストではなく、この船のスタッフだったのだ。チェロを奏でる指で皿を運び、配膳係をこなしていた。ひょっとしたら……。乗船してから目にした人々を思い出してみる。ロビーの入口には、白人男性が立っていた。通路ですれ違った女性の肌は韓国人とは違う褐色だった。このフェリーは韓国の船である。ロビーのフロント、売店や免税店には、日本語を操る韓国人スタッフがいた。しかし配膳や船内の掃除などは、さまざまな国籍の人々で支えられているのかもしれなかった。

夕食時間が終わり、しばらくすると、レストランでショーが開かれるという船内放送が流れた。デッキに出ても、陸地の家々の灯が点々と続くだけである。とりたててすることもない。さして期待もなかったが、レストランに行ってみることにした。すでにステージができあがっていた。ぱらぱらと客がやってきたが、日本人ばかりだった。韓国人は日本に来たときの船内で、このショーをすでに観ていたのかもしれなかった。

司会の韓国人男性がステージに立った。しかし言葉が韓国語である。僕にはあいさつをしていることがわかる程度だった。最後だけが日本語だった。

「拍手、お願いします」

なんだかわからないが拍手をした。

ステージに現われたのは白人の男性だった。手にサクソフォーンを持っている。思い出した。乗船したとき、ロビーにガードマンのように立っていた男性である。ラメが入ったステージ衣装に身を包み、聴いたことがない曲を吹いた。うまいのかどうかもわからなかったが、一応拍手をした。

続いて白人女性がステージにあがった。『カリンカ』というロシア民謡が流れた。

「カ、カ、リン、カ、カ、リン〜〜」という曲だ。白人女性はメロディに合わせて体を動かすのだが、どう眺めても素人の踊りだった。ミラーボールがむなしくまわり、場末感が漂ってくる。中田氏と顔を合わせる。

「どうして、大阪から釜山に向かう韓国の船で、ロシアの踊りを見なきゃいけないわけ？」

「彼女らは皆、ロシア人なんですか」

「さあ……」

僕らは呆《ほう》けたようにステージを見あげていた。

次に登場したのは、チェロの女性だった。レストランで箸を運んできてくれた女性だからすぐにわかった。そしてやはり白人女性のダンスが続いた。この女性の体の動きは少しプロの匂いがした。

韓国人が登場したのはその後だった。顔をピエロのように白く塗って手品を見せてくれたのは司会の男性だった。そしてギターを抱えた男性が現われ、韓国と日本の歌を披露した。

おそらく皆、船のなかでは、別の仕事もこなしている気がした。パンスターフェリーは、クルーズと銘打っているから、このショーにこだわっているのかもしれない。しかし、スタンダードがひとり一万四千五百二十五円という運賃である。搭乗率がどのくらいなのかはわからないが、それほど多くないことは、今日の便をみてもわかる。いまや飛行機の時代なのだ。専属のタレントを乗せる費用は捻出できず、ちょっと芸に覚えのあるスタッフを集めているように思えてくる。そのステージは、ときに学芸会風ではあったが、なんとかクルーズの体裁は保っていた。

しかしロシア系に見える白人たちの存在が気になった。

ショーが終わり、『夢』という名前のカフェに入った。デッキの階につくられた店で、昼間なら眺めがよさそうだった。

席につくと、白人女性がメニューを手にやってきた。

「あ、あなた……」

つい先ほど、ステージでプロっぽいダンスを踊った女性だった。欧米のステージでも通用しそうな身のこなしだった。黒い従業員の制服に着替えていたが、顔だちですぐにわかる。日本語は通じなかった。

「どこから来たんですか」

英語で聞いてみた。

「ウクライナ」

「……」

出稼ぎだった。この船は乗船した当時、月曜、水曜、金曜に大阪を出航した。翌日には釜山に着くが、その日に釜山を出港するスケジュールだった。つまり休めるのは日曜日だけで、あとは常に大阪と釜山の間を航行している。おそらく彼らはこの船に寝泊まりしているのだろう。船のなかで暮らしているようなものだから、ほとんど金は使わない。アパート代もかからない。短期間で金を貯《た》めるには、都合のいい仕事なのだろう。

韓国の焼酎を頼んだ。それと魚の干物。焼酎は一本二百円だった。税金がかかっていないのかもしれない。

一年前、ウクライナの首都のキエフに一泊したことがあった。グルジアへ向かう飛行機に乗るためだった。初冬の頃だった。雪こそなかったものの、葉が落ちた街路樹が冷たい風に揺れていた。チェルノブイリを抱えてしまったこの国は、経済的にも苦しい状態が続いていた。国のなかでは、なかなか仕事がないのかもしれなかった。

旧ソ連から独立した国のなかでは、ウクライナは欧米寄りの路線をとっていた。

ショーのステージで踊った女性は急いで着替えて下の写真に登場

船内のカフェのスタッフに変身。彼女らの夜は忙しい

海外に働きに出やすい国のようだった。

どういうルートを辿《たど》って、この大阪と釜山を結ぶ船で働くようになったのだろうか。

テーブルの間を歩く、ウクライナ人女性の姿を眺めると、複雑な思いに駆られる。背筋がピンと伸び、歩き方が美しい。きっと小さい頃からバレエを習っていたのに違いない。彼女が子どもの頃は、ソ連時代である。バレリーナはソ連では花形の職業である。彼女はそんな将来の姿を思い描きながら、レッスンを重ねたのだ。しかしソ連が崩壊し、それまでの価値観が失われていってしまった。

こういってはなんだが、彼女の踊りを見るために、このフェリーに乗った人はひとりもいない。乗客のなかに、ダンスに詳しい人がいる可能性も低い。そういう船ではないのだ。もちろん彼女は、それを受け入れてステージに立っている。カフェのスタッフだが、日本語や韓国語を話すことはできない。

「それでも働くことができるんだ」

韓国の焼酎をちびちびやりながら呟《つぶや》いていた。彼女は笑顔を絶やさず、客の注文を受けている。

「もし、仕事がなくなったら、この船で雇ってくれるかなぁ」

「下川さんって、なにかできるんですか。ギターとか手品とか」

「なにもないんだよ。運転免許も持っていない」

「運転免許があっても、雇ってくれないと思いますけど」

「手品なら、練習すればなんとかなるんじゃない」

「手先が器用じゃないとね」

　窓の外には暗い海が広がっていた。

　もう来島《くるしま》海峡大橋を通過しただろうか。

　目覚めると快晴だった。瀬戸内海を覆っていた雲は嘘《うそ》のように消えていた。フェリーは未明に関門大橋を通過したようだった。デッキからはもう陸地は見えなかった。対馬海峡のただなかにいる。風は強いが、波はそれほど高くない。今回は船酔い知らずで釜山港まで辿り着けそうな気がした。
　港に着く――。陸地がはるか前方に見えはじめると、妙にそわそわしてくるものだ。気が早い乗客は、すでにロビーに荷物を並べはじめていた。僕は下船の準備もそこそこにデッキに出てみた。停泊する大型船が視界に入ってくる。その向こうに、釜山のビル群が見えた。

船というものはこれからが長い。港に近づき、速度を落とすことも手伝って、なかなか陸地が迫ってこないのだ。僕はデッキの柵に身をあずけ、釜山の街を眺め続けていた。

釜山には定刻の十時に着いた。簡単な入国審査を経て歩きはじめた釜山の街は、やわらかな秋の日射《ひざ》しに包まれていた。

港にほど近い宿をみつけた。ターミナルからのびる道をしばらく歩くと大通りに出た。そこから見えた宿だった。港に沿った線路の脇に建つビルの六階だった。入口には、『MARINA MOTEL』という看板が出ていた。エレベーターで上がると、その先に小部屋があった。パチンコ屋の景品交換所のような小さな窓で支払いをすませるという、典型的な韓国の安宿だった。ふたりで三千円ほどだった。幸運なことに、部屋の窓から港を眺めることができた。そこには僕らが乗ってきたパンスターフェリーも停《と》まっていた。こうして眺めると、なかなか立派な船である。その奥に停まっているのは関釜フェリーだろうか。

パンスターフェリーは、今日の夕方、大阪港に向かって出航する。ウクライナからやってきたスタッフたちはいま、部屋の掃除をしているのかもしれない。いや、夕食づくりを手伝っているのだろうか。

乗船がはじまると、チェロを弾く女性は黒いドレスに着替えてロビーに向かう。そして夕食の配膳。その時間が終われば、ウクライナ人は全員、ステージ衣装に着替えてステージに立つのだ。それが彼らの仕事だった。船の暮らしだった。彼らはそんな日々を淡々とすごしていた。

その日、釜山の街を歩きまわった。坂の多い街を歩くのは楽しいものだ。急な坂道を下りていくと、突然、二階から白いドレスを吊《つ》るしたクリーニング屋に出くわしたりする。下から見あげると、それはウエディングドレスで、こんな路上に干していいものかと心配になったりする。急斜面に建つビルは、一階と三階の前に道が通っていて、どちらから入るんだろうと、しばし悩むことになる。しかし、街歩きの目的は食堂探しだった。

週末の旅である。金曜日の夕食はフェリーのなかだった。明日は午後の飛行機で東京に戻ってしまう。風情のある港の食堂で、韓国風の魚料理となると、土曜日の夜しかないのだ。

港に近いチャガルチ市場にも行ってみた。タチウオ、フグ、ヒラメ……といった魚が並び、首に薄いスカーフを巻いたおばさんが日本語で声をかけてくる。以前、この市場の中年女性たちは怖かった。魚の前にどっかと座っていた。こちらがカメ

ラを出すと血相が変わった。韓国語だから、その意味はわからなかったが、

「買わないんだったら、さっさと行った、行った」

といった感じの韓国語でまくしたて、観光客を蹴散らしていた。

それがいまや、心を入れ替えたかのように、笑顔の日本語で呼び込みをしている。見ると奥にはテーブルがあり、何組かの日本人客が刺身に箸をのばしていた。

「おばさんたちも、年をとったということだろうか……」

やはり時代の流れのような気がする。韓国の人たちのライフスタイルが変わり、魚は切り身をスーパーマーケットで買うようになりつつあるのだろう。かつては釜山の台所だったこの市場も、観光客を相手にしなければやっていけなくなったように思うのだ。

その流れにすっと乗ってしまうのも悔しい。もう少し骨太の地元の人々が集まる食堂のテーブルに座りたい。しかし僕らは韓国語を読むことも、話すこともできないから、なかなか店を決めることができなかった。

路地を行きつ戻りつしているうちに、日も暮れてきてしまった。

「あっちの路地にいい店がなかったら、この店に決めよう」

などと話しながら歩くのだが、ここだ、という店に出合えない。そんなときだっ

釜山は坂の街だ。港を眺めようと、石段を上る。息が切れる街だ

た。店の前に立っている老人と目が合った。店の主人のようだった。

「日本人？」

頷《うなず》くと笑顔が返ってきた。店の前に吊るしてあるメニューを説明してくれる。

「これ、タコ。これ、エビ。これ、タチウオ……」

ここに決めよう。

なんだかわからないが、これで注文が決まってしまったようだった。

しばらくするとジュージューと音をたてて、すき焼き鍋のような形の鍋が出てきた。すでにできあがっていた。肉にタコ、エビ、魚の切り身が一緒に炒めてある。これをご飯の上に載せ、韓国海苔《のり》をまぶして食べる。この店の名物料理のようだった。周りの客も、この鍋を食べている。

深みのある味だった。

「うまいんだけどさ、こう、なんていうか、もうちょっと潮の香りなんかがして……それを食べながらソジュをゆっくり飲むような世界を……」

「やっぱり観光客用の店に行かないと、僕らはダメなんでしょうかね」

この会話を聞きとれたわけではないはずだった。しかし隣のテーブルから裾分けのスープがまわってきた。透明感のあるスープに、貝とイカが入り、潮の香りが鼻《び》腔《こう》に届いた。

「こ、これだよ」

隣には仕事帰りのサラリーマンが四人座っていた。ソジュを飲みながら、僕らと同じような炒め物を食べていた。それが終わると、鍋をもうひとつ注文した。それが、僕らに分けてくれた料理だった。

「ずいぶん高給取りのサラリーマンたちなのだろうか」

その視線を彼らは感じとったのかもしれなかった。なんだかせこい話だが、その夜、僕らはこうして港の味に出合うことができた。

ほろ酔い気分で宿に戻った。

パンスターフェリーはすでに出航し、ターミナルはがらんとしていた。

パンスターフェリーの大浴場。船が揺れると、湯も波をたてる

スタンダードというちばん安い部屋。定員6人に僕らふたりのぜいたく

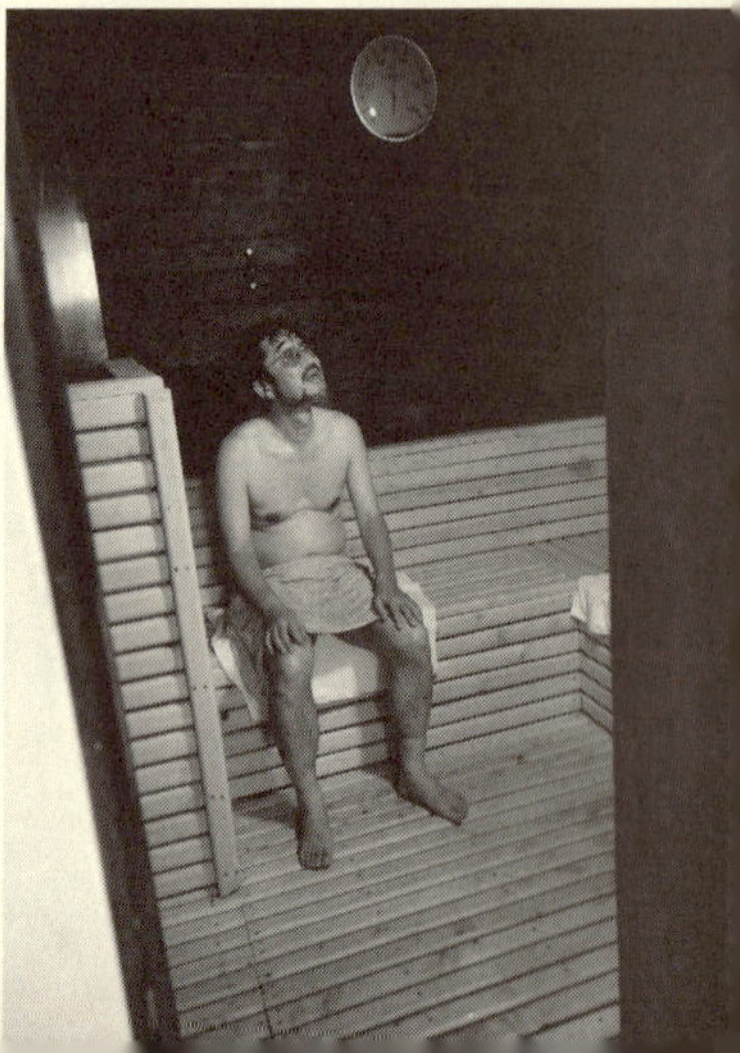

船内のサウナ。腹が出てきたので裸の写真は……といったのですが

カタコトの日本語が通じるのも釜山。やはり日本に近い街なのだ

釜山のチャガルチ市場。おばさんたちも年をとり、性格も丸くなった

これから厳しい冬を迎える。釜山では、古いストーブはこうして売る？

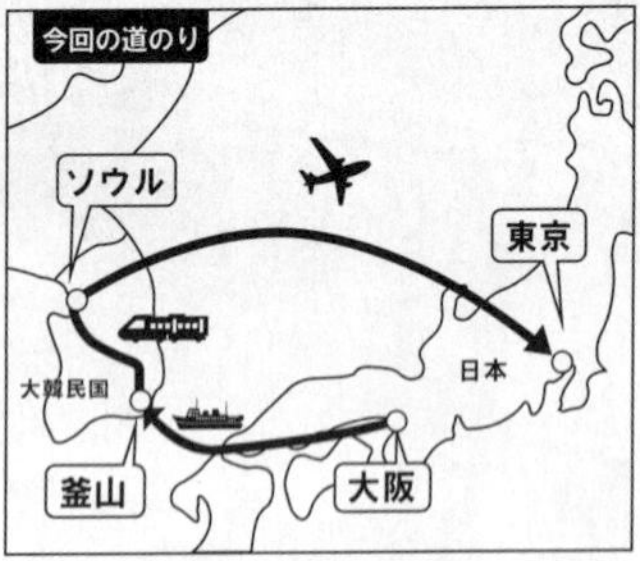

航空が就航している。エアプサンは韓国のＬＣＣ。ＬＣＣは安いが、韓国のＬＣＣの場合、片道だけ買うと割高になってしまう。午後に釜山を出発する便は、日本航空だけになってしまう。

釜山から羽田空港への便は、いまのところない。

便数と運賃を考えれば、ソウルから成田空港、羽田空港への便を利用する方法もある。就航便も多く、片道運賃を比較的安く買うことができる航空会社もある。僕らはソウルからユナイテッド航空を使った。

ソウルは仁川空港と金浦空港から便がある。最終便は19時台から20時台までである。

釜山からソウルまでは、韓国の新幹線であるＫＴＸが走っている。これを利用すれば、時間的にもそれほど無理はない。

【費用】 ※飛行機代は諸税と燃油サーチャージ代込み

船賃（大阪→釜山）……………… 1万4525円（スタンダード）
燃油サーチャージ………………………………1000円
港湾付帯施設利用料………………………………600円
KTX（釜山→ソウル）………………………約3600円
飛行機代（仁川→成田）…… 2万4890円（片道／ユナイテッド航空）

100ウオン＝約6.7円（2011年10月。取材当時）

旅のDATA　韓国

金曜日の午後に大阪を出港したフェリーは、土曜日の午前中に釜山に到着。その日はのんびり釜山の休日。翌朝の列車でソウルへ。午後の飛行機で成田に戻った。釜山から成田に戻る方法や、再びフェリーで大阪という日程を組むこともできる。

【釜山行きの船】

＜パンスターフェリー＞

僕らが乗ったパンスターフェリーは、大阪を月曜、水曜、金曜の15時10分に出航、翌日の10時に釜山に到着するスケジュール。釜山発は2012年6月現在、火曜、木曜、日曜。部屋はスタンダード、ファミリー、デラックスS、ロイヤルSに分かれている。正規の片道運賃はスタンダードが1万6000円、ファミリーが2万円、デラックスSが2万5000円、ロイヤルSが8万5000円。実際にはシーズンによって割引になる。ほかに燃油サーチャージ、港の利用料がかかる。

予約はインターネット、電話など。事前に運賃を振り込み、当日、乗船窓口でチケットを受けとる。時期や団体客の情況にもよるが、直前でもチケットを買うことができる感じだった。

＜関釜フェリー＞

下関と釜山を結ぶフェリーも毎日就航している。下関を19時に出航し、翌朝の7時45分には釜山に着く。釜山発は20時。片道運賃は2等9000円、1等1万2500円、デラックス1万8000円など。ほかに燃油サーチャージ、港の利用料がかかる。

＜高速船＞

博多と釜山の間には、所要時間が2時間55分というジェットフォイルも就航している。出発日によって変動はあるが、1日2便が基本的なスケジュール。午前と午後に各1便という体制だ。

片道の正規運賃は1万3000円。ほかに燃油サーチャージ、港の利用料がかかる。

【韓国からの飛行機】

釜山から成田空港へは、日本航空、大韓航空、エアプサン、デルタ

第二章　台湾

台湾の秘湯で、「後ろめたさ」という湯あたりに浸ってみる

台北〜馬槽花藝村《マーツアオホアイー》

下七股《シアチーグー》というバス停で降りた。運転手に教えてもらったバス停だった。車内には数人の客がいたが、降りたのは、僕と中田浩資カメラマンだけだった。九十九折《つづらお》りの下りカーブを曲がりきったところにバス停はあった。目の前の傾斜のきつい道を、車がときおり通りすぎる。周囲に人家も見あたらなければ人の気配もなかった。深い森が広がっているだけだった。

ここまで順調にきたのだが、急に不安になってきた。そもそも下七股と書かれたバス停名の下には花藝《ホアイー》村温泉會館と記されている。訪ねようとしていたのは馬槽《マーツアオ》温泉だった。バスの運転手にも、この温泉名を伝えた。台湾のバスの運転手は親切で、自信ありげに下七股のバス停名を教えてくれた。正しい気はするのだが、名称が違う。

「運転手は十分ぐらい歩けば着くっていってたけど……」

「花藝村のなかに馬槽温泉があるってこと?」

だいたい、どの方向に歩きはじめればいいのかわからない。

周囲を見渡した。少し先に看板が見えた。近づくと、『馬槽花藝村』と書かれている。馬槽の名が出てきてほっとしたが、今度は温泉の二文字が消えた。しかしこの道を行くしかないようだった。

街道から逸《そ》れ、坂道を下りはじめる。困ったことに小雨がぱらついてきた。台北《タイペイ》駅前でバスに乗り、陽明山《ヤンミンシャン》への坂道をバスが登っているときは、暖かな日射《ひざ》しが降り注いでいた。しかし山を越え、太平洋側に出た頃から、雲行きが怪しくなってきた。バスで移動した距離はそれほどではないのだが、この島の気候は変わりやすいようだった。

傘をさすほどでもなかったが、しばらく進むと、髪がしっかりと濡《ぬ》れてしまうような雨だった。道は舗装されていたが、深い山肌を縫うようにつくられ、脇の崖からは地下水が勢いよく流れ落ちている。

十分歩いてもなにも現われなかった。道案内の看板ひとつない。道は一本道で、ただ下るしかないのだが、はたしてこの先に温泉があるんだろうか……と自問しはじめる。

そんなときだった。

鼻腔《びこう》に仄《ほの》かな匂いが届いた。イオウの匂いだった。

「きっとこの先に温泉がある」

中田カメラマンと顔を見合わせた。

アジアの温泉に浸りにいこう。冬ざれの東京の街を歩きながら、週末アジアの目的地を思いついた。

温泉といえば、やはり日本だと思う。泉質や温泉旅館の味わい……と、日本人のなかには、温泉という言葉に反応してしまうDNAが組み込まれている。仕事がたて込み、硬くなった肩を指で押しながら、

「温泉でも行きたいねェ」

という会話が交わされる光景は、日本では珍しくない。しかしやはり日本である。温泉にいても携帯電話は鳴るし、どこか解放感が欠ける。

これまでいくつかのアジアの温泉に入ってきた。タイ、インドネシア、台湾が多い。水着を着けなければいけないところもあるが、アジアの湯に浸ると、日本の温泉以上に解き放たれた感覚に包まれる。

それはある種の後ろめたさを連れた気分のようにも思う。多くの日本人は、温泉といえば日本と連想する。アジアに温泉などないと思っている人も多い。アジアの

温泉でのんびりしているなどとはまず思わない。秘湯というものは、日本の場合、人里離れた山のなかの一軒宿を連想するが、アジアの温泉は、心の秘湯のようにも映る。

「いや〜、日本では皆、働いてるんだろうけど……いま、僕はアジアで温泉に入っているから」

そんな感覚である。こっそりと、自分だけが楽しめるのだ。申し訳ないとは思うが、アジアの温泉で味をしめてしまうと、困ったことに、これがかなりの快感なのである。

アジアの温泉世界でいえば、台湾のそれが日本に近い。戦前から戦中にかけて日本に支配されていたこともあり、裸で湯に入る習慣や露天風呂もある。しかし最近は、それに目をつける同輩もいて、新北投《シンベイトウ》や烏来《ウーライ》といった有名温泉に行くと、ときおり日本語が聞こえてくることがある。こっそりやってきた台湾の温泉で、日本人に出会うというのは、なんだかバツが悪い。

日本人とはまず会わない台湾の温泉を探すことにした。台北在住の日本人に問い合わせ、ネットで検索する。検索といっても、みつからないほうがいいという逆向きの検索だった。絞られてきたのが馬槽温泉だった。残念なことに、訪ねた日本人がいて、ブログにアップしていた。日本人にとっては処女温泉というわけにはいかなかったが、その件数は少なく、日本人に出会うことはまずなさそうだった。台湾在住日本人も、

「台湾人にとっても秘湯ですよ」

といった。入浴スタイルも日本式だった。裸になって入り、露天風呂もある。ただし宿泊はできなかった。日本でいうところの、日帰り温泉である。

「馬槽温泉か……」

なんだかよさそうな温泉という気がしてくる。

あとは台湾までの足の確保だった。

気になる飛行機があった。羽田空港を朝の七時二十分に出発し、台北市内にある松山《ソンシャン》空港に十時三十分には着いてしまうという超朝型の便だった。羽田空港が国内線専用の空港から、国際線も飛ぶ空港になったとき、アジアやアメリカ方面に向かう便が次々に就航した。発着時間枠の問題なのか、それらの多くが、朝か夜に集まっていた。そして、それらの便は、成田空港発着に比べればかなり高かった。首都圏に近いことや、アジアの場合はビジネスマンが出張に使うという読みがあっての運賃設定のようだった。

ビジネスマン向け——という言葉を耳にしたとたん、僕のなかの航空券の世界からスピンアウトしていってしまう。なんだかビジネスクラスのように映るのだ。

羽田空港も東京都内にあるとはいえ、意外に遠かった。僕は杉並区の住人だが、新宿で乗り換え、品川か浜松町でさらに乗り換えることになる。成田空港へ特急列車を利用したときの時間を比べると大差がない。もっとも列車代は成田空港のほうがだいぶ高いのだが。

しかし以前、台北を訪ねたとき、この飛行機でやってくる女性客が予想以上に多いと聞いた。運賃を調べてみると、チャイナエアラインが往復で四万四千円だった。そのときの成田空港利用便と比べても高いわけではなかったのだ。ビジネスマンをあて込んだのかもしれないが、景気が後退するなか、それほど利用客は伸びなかったのかもしれない。

観光客が使う理由はわかってきたが、問題は出発時刻だった。朝の七時二十分なのである。飛行機の場合、通常のチェックインは二時間前だから、朝五時二十分には空港……ということになる。いったいどれだけの人が、この時刻に羽田空港に着くことができるのだろうか。

以前、沖縄の石垣《いしがき》島行きの早朝便に乗ったことがあった。その便が安かったのだ。

国内線だったからなんとか出発時刻に間に合った。その話を石垣島でするると、群馬県に実家があるという女性が、涼しい顔でこう教えてくれた。

「午前二時ぐらいに高崎駅前を出るバスがあるんです。それに乗れば五時には羽田空港に着きますから」

信州では相乗りタクシーの話も聞いた。人数が集まれば早朝に羽田空港に着くように信州を出発するタクシーだった。運賃を頭割りにするから、それほど高くない。正式に許可されたもののようで、定期相乗りタクシーのようにも使われているという話だった。

首都圏を取り巻くエリアのほうが、羽田空港の早朝便を利用するための足が整っていた。しかし東京はそういうわけにはいかない。僕が住む杉並区からは、始発電車を乗り継いでも、羽田空港に着くのは朝六時だった。

昔から海外の空港のチェックインカウンターでは痛い目に遭ってきた。理由も告げられずに欠航になることは、そう珍しいことではない。オーバーブッキングという、席数の調整がうまくいかないケースもよく起きる。すると乗客が次の便や別の便に殺到する。はじめから平等に対応する航空会社もあるが、なかには、早くチェックインした人の予約は受け、後からやってきた人とひと悶着《もんちゃく》方式をとる会社もある。その種のチェックインカウンターを支配するのは、早い者勝ちと、押しの強さという論理である。

こういうトラブルを何回も経験してくると、チェックインカウンターには早めに行かないと、なにが起きるかわからない……という強迫観念のようなものが植えつけられてしまう。しかし台北行きの超早朝便は、二時間前に空港に着くことができない時刻にチェックインははじまる。

「いくら頑張っても、出発一時間二十分前……。まあ、日本だから、なんとかなるか」

そう思うしかなかった。しかし都下に住む中田カメラマンは、始発電車を乗り継いでも、朝の六時にも間に合わなかった。結局、彼は前夜、都心の知人の家に泊まることになった。

午前四時に起きた。二時間しか眠ることができなかった。まだ暗い道を歩いて駅に向かう。吐く息が白かった。

セーターにジャンパー、マフラーに手袋という服装だった。今日の台湾はきっと暖かい。それに一泊二日の週末旅である。荷物になる厚手のコートを着て家を出たくはなかったのだ。

気温五度。始発電車の乗客たちは、暖まりきらない車内のなかで、じっと目を閉じている。今日の最高気温は九度ほどらしい。寒い一日になる。電車のなかで、ダンゴ虫のように身を丸めて寒さに耐える乗客には申し訳ないような気分だった。これから台湾に向かい、温泉に浸る……。やはり後ろめたい旅だった。

始発電車に乗るために、寝すごすわけにはいかない。そう思いながらふとんに入った。よく眠れなかった。徹夜に近い状態で電車に乗り込んだ。チェックインはスムーズに進んだ。搭乗券には、飛行機に乗り込む時刻が六時五十分と記されていた。台湾の松山空港に着いたのは、朝の十時三十分だった。飛行機のなかでは、昏々《こんこん》と寝てしまった。目覚めると、飛行機は、台北市の上空にいた。今日、はじめて目覚めたような気分だった。

しかし今日一日、たっぷりの時間がある。なんだか得をしたような気分である。チャイナエアラインの223便という飛行機は、週末旅のために運航しているような気にさえなった。

暖かかった。空港ターミナルの出口にあった電光掲示板は気温二十度を示していた。日本から着ていたセーターを脱ぎ、マフラーと手袋をバッグにしまう。

松山空港は、台北の市街地に隣接するような位置にある。空港ターミナルの前が地下鉄駅である。羽田空港はたしかに東京にあるが、海に突き出るようにつくられている。それに比べれば、はるかに便利だった。

この空港は主に台湾の国内線が離発着していた。以前、この空港から、金門島《きんもんとう》に向かったことがあった。朝の早い便だった。台湾人の知人と一緒だった。彼が僕の泊まっているホテルに迎えにきてくれた。

「朝が早くて、バスの本数が少ないですから、空港まで歩いていきませんか」

「歩く？」

「十五分ぐらいですよ」

それほどに市街地に近い空港だった。

地下鉄で台北駅に出、陽明山を越えて金山《ジンシャン》に向かうバスに乗った。

イオウの匂いがしてから、そう、二十分は坂道を下っているだろうか。ときおり、道に沿った木立ちの間から、切れ込んだ谷が見渡せた。平家の落人《おちゅうど》集落がありそうな眺めだったが、馬槽温泉らしき建物はなく、湯けむりひとつあがっていなかった。思いだしたように車が脇を通り抜けていく。台北市内にいると感じないが、台湾はかなりの車社会らしい。バスの運転手が十分といったのも、歩いてこの温泉に行ったことがないからに違いない。台湾人は親切だが、どこかいい加減な人々でもある。

バス停で降りてから、誰にも会っていない。この道が正しいのか、訊《き》くこともできなかった。前方で道がふたつに分かれていた。『馬槽花藝村』の看板がようやく出てきた。矢印で示された道を進むと犬の鳴き声が聞こえてきた。

「馬槽温泉で飼っている犬かも……」

しかしその犬たちの姿を目にしたとき、足が止まった。飼い犬ではなかった。目がやさぐれていた。吠《ほ》え方に敵意がある。背中のあたりは、皮膚病が進み、まだらのようになっている。黒い犬が二匹、白い犬が一匹。白いほうの犬は、足が三本しかなかった。車で行く人は簡単に通り抜けてしまうのかもしれないが、僕らは徒歩である。この犬たちをやりすごさなくてはならない。

「怖がるより堂々と進んだほうがいいって、なにかの本で読んだことがあります。犬を従わせるわけですな。狂犬病？　大丈夫。吠える犬は噛みつかないって話も、どこかで読んだことがあります。狂犬病の犬は、なんの威嚇もなく、ガブリっとくるそうです」

そういったところで、足がスムーズに出るわけではなかった。

松山空港に到着した。出口の前に地下鉄の入口があった。本当に都心空港だ

台北駅近くに、陽明山経由の金山行きバスが停まっていた。すごいタイミング

タイのバンコクで犬に噛まれたという知人の話を聞いたことがある。マンションの出口で、なんの前ぶれもなく、寝そべっていた犬が背後から、足首をガブリと噛んだのだという。

「だから狂犬病なんでしょうね。慌てて医者に行ったんだけど、その注射が痛くてね。それに六回も打たなくちゃいけない。スケジュールが組まれて、終わるのが半年後。途中、日本に帰らなくちゃいけなくて、日本でも注射を打ってもらったけど、一回二万円もとられたんですよ」

しかし先に進まなくては馬槽温泉に辿《たど》り着くことができない。道の脇をそろそろ歩くしかない。野犬は吠え続ける。どうも道の脇にある作業小屋が住《す》み処《か》のようで、そのあたりから別の犬の声も響いてくる。この三匹は先兵で、次々に犬が現われたら……。鼓動が早くなるのがわかった。額から汗も出てきた。しかし犬たちは吠えることをやめなかった。

じりじりと……そう三百メートルほど進んだだろうか。野犬たちは、吠えることこそやめなかったが、足が止まった。三本足の白い犬も、盛んに吠えているが、足は動かない。僕らは、彼らの縄張りの外に出たようだった。

野犬が跋扈《ばっこ》するこのエリアの先に、本当に馬槽温泉はあるのだろうか。台湾の秘湯とは、その言葉通りの世界なのかもしれなかった。

そこからさらに二十分ほど坂道を下った。突然、敷地を囲むフェンスが現われ、そのなかにタンクが見えた。ここが馬槽温泉らしい。一日、登山道を歩き、ようやく稜線に建つ山小屋に辿り着いたような気分だった。かれこれ一時間近く歩いた。途中には野犬もいた。さらに進むと、温泉の正面に出た。十数台の車やバイクが停《と》まっていた。バス停から歩いてやってくる温泉ではないようだった。

入るとフロントがあり、露天風呂を示す矢印が出ていた。やっと温泉まで辿り着いた。階段を一段飛ばしで上り、風呂をめざす。急に明るくなった。山の斜面につくられた露天風呂が目の前にあった。浴槽は六個ほどある。東屋《あずまや》スタイルの屋根はついているものの、きちんとした露天風呂である。イオウの匂いが漂っている。急いで服を脱ぎ、いちばん手前の浴槽に足を入れ、慌てて足を抜いた。熱かった。見あげると四十二度と記されている。隣を見ると三十八度……。

みごとなイオウ泉だった。

天国である。ほどよい熱が体に染み込んでいく。ふーッとひと息つき、あたりを見まわす。南側が開けている。今日は雲に覆われているが、晴れれば太平洋を見おろすことができるのかもしれない。絶景温泉なのだろうか。

さまざまな浴槽があった。泥風呂、電磁波らしきものが腰にあたるジャグジー。それぞれに入り、再び三十八度の湯に浸る。

天国である。日本を出発してからの時間を指を折って数えてみる。六時間しか経《た》っていない。東京からなら、東北の温泉に出かけたぐらいの時間しかかかっていないのだ。そしていま、陽明山の山懐でみごとなイオウ泉に浸っている。これはやはりぜいたくではないか。体の芯に留《とど》まった冷気が溶けていくなかで、そんなことを考えていた。

馬槽温泉は泊まることができないが、食堂が併設されていた。温泉の入口で、入浴プラス食事というセット券を買っていた。入浴料は百五十元、約四百二十円だった。しかしそこに二百五十元分の食事券をつけると、入浴料が八十元に値引きされるシステムになっていた。

湯気がたつような体に、台湾ビールが染みる。樹子山蘇とメニューに書かれた料理を頼んでみた。近くの山で採れた野菜の炒《いた》め物だという。やや苦みのある味が僕好みだった。そして台湾料理の定番である豆腐料理に焼きそば。二百五十元の食事券では、豪勢に魚料理というわけにはいかなかったが、素朴な山の味がありがたかった。

温泉の建物に入ると、「露天風呂」の頼もしい文字。台湾でもこう書くんですね

「いや、浸かってしまいました………」。ただ、「………」

食堂の横には足湯もあった。そこでもしっかり足を浸した。再びの温泉気分だったが、帰り道を考えると、ひとつ、いやふたつの不安が頭をもたげてくる。野犬と坂道だった。僕らには車がない。当然、あの坂道を登ってバス停に戻らなくてはならない。そしてその道には野犬が待ち構えているのだ。この温泉に来る人には警戒するが、帰る人には心優しくしっぽを振りながら見送ってくれるタイプの犬たちではない。

温泉のスタッフに、バス停への道を訊いてみた。温泉の裏手の道を行くと近道で、二十分ほどでバス停に着くという。

「犬は……?」

その近道とやらが、犬の縄張り道とは別のルートであることを願うしかなかった。息を切らしながら坂道を登りはじめる。十分ほど、急な坂道を登ると、三叉路《さんさろ》に出た。

「いた」

あの三匹トリオが吠えながら坂道を駆け登ってくるのが見えた。白い犬は足が一本ないというのに、かなりのスピードである。

しかし僕らの手前、三十メートルほどのところでスピードを緩めた。

「……ん？」

どうも彼らの縄張りはそこまでのようだった。道端には『馬槽花藝村』の看板と矢印がある。温泉に向かったとき、僕らはその方向に沿って進み、野犬と出くわしてしまった。矢印は車の進む方向を示していたようだった。

バスで金山の街に出た。

街で簡単な夕食をとり、ホテルに戻った。日が落ちてから、眠くてしかたなかった。日本での睡眠は二時間だった。飛行機のなかで寝たとはいえ、やはり睡眠不足である。しかし、それだけではない疲れが体を包んでいた。ホテルの部屋にいても、睡魔がぐわ～んと襲ってくる。

「ちょっと早いけど、もう寝ます」

九時だった。かけぶとんをかぶると、体からイオウの匂いがたち昇ってきた。

「湯あたり？」

馬槽温泉の湯はきっとかなり強いのだろう……などと考えているうちに寝入ってしまった。目を覚ましたのは、翌朝の九時すぎだった。十二時間以上も寝ていたことになる。ふたりで一泊千二百元、三千四百円ほどの金山の宿は、日本の温泉旅館と違って朝食などないから、朝、起こされることもない。

趣味はなにかと訊かれたとき、「寝ることです」と答えるほど睡眠を愛している。若い頃から、人並み以上に寝てきた気がする。バスや列車で旅をすることが多い物書きだが、同行者からこんなことをいわれたこともある。

「下川さんって、気がつくと寝てますよね」

大きなお世話だとムッときたが、事実だからしかたない。そういう人間が、睡眠時間を削ってまで原稿を書く仕事をよく選んだものだと思う。

しかし僕も寄る年波には勝てないのか、最近ではときどき、寝つきが悪いこともある。夜なかに目が覚めてしまうこともある。十二時間以上寝たというのは、近頃、ほとんど記憶がない。やはり馬槽温泉だったのだろうか。あの温泉には、眠りに誘うなにかが含まれているのかもしれない。いや、日本を離れ、なにかの緊張が切れたのか……。

金山ではすることがあった。僕は年に一回、テレサ・テンの墓参りをすることにしている。彼女の墓が、この金山にあった。今回は温泉に浸るために陽明山を通るバスを選んだが、いつもは台北市内から高速道路を走るバスで金山にやってくる。ここで墓参りをすませて帰っても、半日ほどで台北に戻ることができる。

テレサ・テンと僕を比べても、テレサ・テンが困るだけだろうが、彼女と僕は同世代である。彼女は僕より一年先に生まれていた。僕がアジアを歩くようになった頃、彼女はすでにトップスターだった。日本では日本語のヒット曲があったが、アジアでは中国語のまま流れていた。あれはビルマ（ミャンマー）だったろうか。田舎の食堂に入ると、彼女の曲が流れていた。歌の意味はわからないが、その声に血が騒いだ。同じ世代の因子を感じとっていたといったら、彼女は迷惑だろうか。その後、彼女の周りにはさまざまなことがあった。ふたつの国籍をもとうとした彼女は、偽造パスポートが発覚し、日本から国外退去にもなった。中国で起きた天安門事件への抗議行動にも加わっている。

彼女は台湾生まれの外省人だった。両親が中国大陸から台湾に移り住んだのだ。戦前から台湾に暮らす内省人との間の軋轢《あつれき》もあった。日本の経済力が急成長するなかで、彼女は音楽活動の場に日本を加えていく。しかし最終的には、香港に暮らす道を選んでいった。

アジアをうろうろする僕の耳には、ときおり、彼女の声が届いていた。バンコクやマニラの繁華街のカラオケクラブに入れば、必ずといっていいほど彼女の歌が流れた。

僕らが生きた時代を確認したい？　実はそうなのかもしれない。しかし僕のなかには、はっきりした方向があるわけではなかった。答など出せないまま、墓地で彼女の曲を聴きながら、日本の方向に広がる海を眺めるのが好きだった。

『鄧麗筠《ドンリージュン》』と彼女の本名が刻まれた碑の前には、つい、いましがた墓参した人がいたかのように花が捧《ささ》げられていた。スピーカーからは彼女の歌が響いている。

彼女がタイのチェンマイで死亡したのは、一九九五年である。もう十七年も前になる。いつ頃から、墓参りをはじめたのかは記憶もおぼろげだが、来るたびに少しずつ墓周辺の設備が変わっている。以前は、好きな曲のボタンを押すと、その歌が流れたが、いまは一方的に歌が流れている。大きなピアノの鍵盤が完成したのはいつ頃だろうか。

「これ、鍵盤を踏んだら、音がするかもしれませんよ」

「そう？　ただのモニュメントだと思っていたけど……」

今回、踏んでみると、ちゃんと音がした。

ひとりの中年男性が墓参に来ていた。訊くと上海《シャンハイ》からやってきたのだという。テレサ・テンの歌は、中国では禁止されている時期があった。中国に吹き荒れた精神汚染一掃キャンペーンの槍玉《やりだま》にあげられたのだ。そんな時代を知っている年代の男

テレサ・テンの墓は、太平洋を望む山の斜面にある。日本に向かっている。考えすぎか

墓にある鍵盤を踏むと音がする。「つぐない」、弾いてみます？

性だった。

台湾と中国の関係も変わった。訪ねたとき、台湾は総統選挙のただなかだった。金山の街にも、国民党の馬英九《マーインチウ》と民進党の蔡英文《ツァイインウェン》の大きなポスターや幟《のぼり》がはためいていた。四年前、台湾は民進党から国民党に政権が移った。中国との距離を縮めようとする国民党政権になり、台湾と中国の関係は一気に活気づいた。貿易量は急増し、台湾企業はいままで以上に中国大陸に進出していった。

人の往来も盛んになった。中国人の台湾観光が解禁され、あっという間に、台湾を訪れる観光客のトップに躍りでた。

しかし中国と距離を置こうとする台湾人も多い。台湾の中国化を危惧《きぐ》する声もある。生理的に大陸の中国人を嫌う人もいる。民進党は、台湾独立の旗こそさげたが、中国を嫌う台湾人からの支持を集め、得票は伯仲するという噂《うわさ》だった。テレサ・テンが生きた時代、台湾と中国の間の糸は張りつめていた。相互の関係が親密になることはいいことなのか……台湾人は難しい選択を迫られていた。

どういうルートで台北に戻ろうか……。

いくつかの選択肢があった。高速バスで戻ることもできた。一時間ほどで台北市内に戻ってしまう。飛行機の出発は夕方だから、それまで鼎泰豊《ディンタイフォン》の列に並んで小籠包《しょうろんぽう》？　101ビルから台北市を眺めて……なんだか触手が動かなかった。それはもう日本と同じテンションになってしまう。山深い馬槽温泉のイオウ泉が体に注入してくれた「後ろめたさ因子」が、解熱剤を飲んだときのように汗になって流れでてしまうような気がした。これも湯あたりなのだろうか。

台湾の北海岸をとことこ走る路線バスに乗って淡水《ダンシュエイ》に出てみることにした。淡水は台北市の地下鉄の終点である。そこまで行けば、松山空港までの時間も読める。

バスはすいていた。北海岸に沿ったエリアには大きな街もない。困ったことに、原子力発電所もあるのだが……。雲がたれ込めていた。台湾といっても一月である。海からの風が直接、吹きつける一帯は閑散としていた。海岸に沿ってカフェや洋風のレストランが並んでいたが、どこも店を閉めていた。

窓ガラスに額をつけながら、白い波をあげる海をぼんやり見ていた。朝四時に目を覚まし、早朝の飛行機に乗って台北までやってきた。温泉に辿り着くまでは、それなりのテンションがあった気がするが、馬槽温泉に浸り、金山の宿で十二時間も寝たせいか、すっかり腑《ふ》が抜けてしまった。あの温泉の湯は、そんな力を秘めているのだろうか。

小一時間ほどで淡水に着いた。夕日を眺めるためにカップルが集まる街だが、まだ日も高い。駅前は総統選で盛りあがっていた。その雑踏を抜け、淡水川に沿ったカフェに入る。まだカップルの姿もなく、目の前の小さな船着き場には、釣り船が停まっていた。

その光景をぼんやり眺める。

馬槽温泉に入ってからというもの、妙に力が入らない。こんなに長い湯あたりも久しぶりだった。

金山から淡水までのバス。運賃約300円。話好きの運転手付き

淡水までのバスはすいていた。ときどき若い女性が乗ってきて緊張する

金山は温泉のある観光地。土産は圧倒的に菓子が多い。どれも同じような味がする

金山で泊まったのは怡美賓館。古いが、1泊ふたりで3400円ほどという安さで決めてしまった

宿には共同の給湯器。台湾の水は102度まで熱くなるらしい。嘘でしょ？

金山の老街には廟が多い。いつも線香が焚かれている。飾りは目がくらむほど派手ですが

淡水には若者向きのおしゃれなカフェが多い。コーヒーもケーキも値段は高い

鴨肉が金山名物。鴨肉の風味がよくでていた。これで約500円

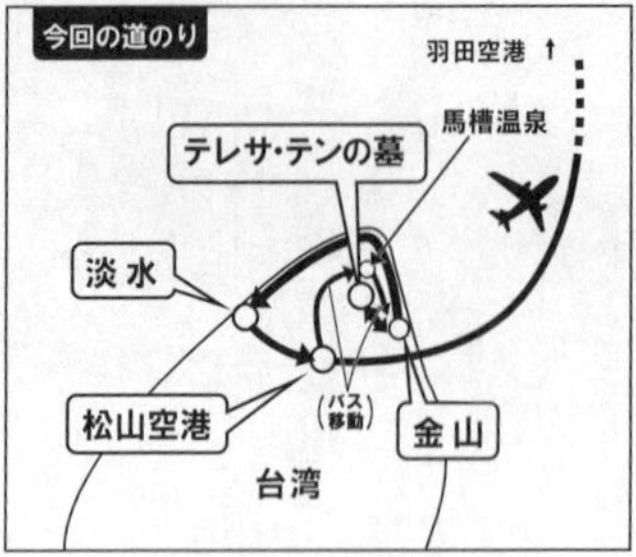

成田空港―桃園空港路線でも、チャイナエアラインが最も使いやすい。

【運賃】

シーズンや混雑度にもよるが、一般的には、成田空港―桃園空港のほうが、羽田空港―松山空港より安い。同一航空会社なら、行きは松山空港、帰りは桃園空港利用というパターンも可能な場合もある。

【関西空港―桃園空港】

関西空港の出発便では、チャイナエアラインと日本航空が９時台の出発。11時台のキャセイパシフィック航空、12時台のジェットスター・アジア航空などが、馬槽温泉に夕方までに着くことができる便になる。ジェットスター・アジア航空は、シンガポールを拠点にしたＬＣＣだ。９月からは日本のＬＣＣであるピーチも就航する。

【費用】 ※飛行機代は諸税と燃油サーチャージ代込み

飛行機代（羽田―松山）……４万4200円（往復／チャイナエアライン）
地下鉄代（松山空港→台北駅）……約70円
バス代（台北駅→下七股）……約340円
バス代（下七股→金山）……約140円
タクシー代（金山市内―テレサ・テンのお墓）……約1400円（往復）
バス代（金山→淡水）……約300円
地下鉄代（淡水→松山空港）……約120円

１台湾元＝約2.8円（2012年１月。取材当時）

旅の DATA　台湾

羽田空港と台北の松山空港を結ぶ便を使った。週末アジア旅には都合のいい時間帯だ。運賃も安くなってきている。今回は金山から北海岸を路線バスでまわった。金山の近くに基隆（ジーロン）という港もある。この周辺を歩いてみるのも面白い。

【羽田空港―松山空港】

本文中で紹介している路線だ。現在、チャイナエアライン、日本航空、全日空、エバー航空が就航している。最も出発時刻が早いのが、僕らが利用したチャイナエアライン。次いで日本航空、全日空、エバー航空と続く。10時台に出発するエバー航空が松山空港に着くのが13時台。馬槽温泉へのバス便、そして歩く時間を考えれば、この便あたりまでに決めたいところだ。

これらの航空会社はＬＣＣではなく、既存の航空会社だから、往復で購入しないと割高になってしまう。帰国便は日本航空の15時台から、エバー航空、全日空と遅くなり、最終便が、チャイナエアラインが18時台になる。チャイナエアラインを利用すれば、現地滞在時間が最も長くなる。格安航空券の運賃をみても、チャイナエアラインが最も安くなることが多い。

【成田空港―桃園空港】

台北には桃園空港もある。発着便数は、桃園空港のほうが多い。

午前中に成田空港を出発する便のスケジュールを見ると、チャイナエアラインが最も早く、９時台の出発。次いでエバー航空が10時台、日本航空が11時台のスケジュールだ。ここまでの飛行機に乗れば、14時台には桃園空港に着く。

しかし桃園空港は松山空港と違い、市内からかなり離れている。すぐに地下鉄というわけにはいかず、エアポートバスを使って、台北駅に向かうことになる。所要時間は１時間ほどだが、渋滞の心配がないわけではない。入国審査などの時間を考慮して、到着から２時間で台北駅に着いたとする。日本航空を利用すると、夕方に馬槽温泉に着くことができる。

第三章　マレーシア

日本からのメールには
返信せず、夕日を見ながら、
こそっとビールを飲む
マラッカ

最近、夕日を見ていない。オフィスでパソコンに向かい、ふと顔をあげると、もう外は暗くなっている。晩秋の夕暮れは、不安になるほど早い。オフィスを出れば、刺すような冷たい風が、街路を我が物顔で吹き抜けているのだろう。

午後、近くのコンビニに、ペットボトルのお茶を買いに行くと、歩道に駐《と》めてあった自転車が軒並み倒れていた。北からの突風が吹いたのかもしれなかった。

こんな夕方、無性にアジアに行きたくなる。

アジアには頻繁に出かける。最近は月に一回、多いときは二回にもなる。そのほとんどが仕事や打ち合わせなのだが、短い滞在でも、アジアの空気を吸い込んでいるというのに、東京にしばらく滞在すると、またぞろ、アジアの土を踏みたくなってしまう。とくに、東京が寒くなるときがいけない。

アジアとひと口にいっても、そのエリアは広い。東京よりもっと寒い土地も多い。韓国、中国の北部……。真冬にはマイナス二十度を下まわる街もある。

しかし多くの日本人がそうイメージするように、アジアといえば、湿気を含んだまったりとした風に吹かれる南国である。タイを中心にアジアを動いているせいか、僕のなかのアジアというエリアも亜熱帯の空気に包まれている。

日中は強い日射《ひざ》しに晒《さら》されるが、太陽が西に傾くとずいぶん楽になる。今日も暑かったなあ……と、屋台で一杯のビールを飲む。そんな夕暮れどきがアジアという文字には潜んでいる。

日本が冬を迎える頃、亜熱帯は乾季のただなかである地域が多い。雨はほとんど降らず、湿気もいくぶん少なくなってくる。そして毎日のように、西の空が茜《あかね》色に染まる。

冬の足音が高くなる東京の街で、そんなことを考えていると、頭のなかが夕日に染まっていってしまうのだ。

週末に海辺でぼんやりと夕日を眺められたら、それはきっと人生を忘れてしまうほど幸せなんだろうな……。

航空券を探していた。

辿《たど》り着いたのがマレーシアのクアラルンプールを拠点にしたＬＣＣであるエアアジアだった。ＬＣＣはローコストキャリアと呼ばれる格安航空会社だった。思いつくかぎりの経費を節約し、安い運賃を実現していた。欧米では一九九〇年代、アジアでは二〇〇〇年代に急速にその空路を広げていた。僕はアジアを歩くことが多いから、東南アジアで最も路線数の多いエアアジアには何回も乗っていた。

欧米やアジアで、その存在感を確かなものにしていったLCCだが、日本への乗り入れは遅れに遅れた。オーストラリアのLCCであるジェットスターが成田空港に乗り入れたのが二〇〇七年。その後、フィリピンのセブパシフィック、マレーシアのエアアジア、中国の春秋航空などが、ぽつり、ぽつりと関西国際空港や羽田空港に就航しはじめていた。

夕暮れをアジアで……と、航空券を探したときも、このLCCで運賃を調べていった。思いつきではじまった週末アジア旅である。高い航空券を選ぶ余裕はなかった。

三万八千円――。モニターに映し出された金額に、マウスを持つ手が止まった。羽田空港とマレーシアのクアラルンプールを往復するエアアジアの運賃だった。エアアジアは、ときどきクアラルンプール往復で一万円台といったキャンペーンを行っていた。しかしそれを見ると、三、四カ月先のフライトが多い。アジアの夕暮れ衝動に突き動かされて航空券を買う身には、そんなに長く待ち続ける心の余裕がない。となると、ＬＣＣの普通運賃になるのだが、ＬＣＣは出発日が近づくにつれて高くなる傾向があった。

しかし三万八千円は安い。そこに空港使用料や税金などが加算されて四万九千八百五十六円。それでも安かった。東京とクアラルンプールの往復運賃の相場はその時期、七万円近くになっていたからだ。

スケジュールを見た。今は増便されたようだが、昨年（二〇一一年）の十一月は週三便体制だった。木曜日に便があった。それも出発は夜の十一時台……。

「それに羽田空港……」

これなら夕方まで仕事をしても、余裕で空港に着くことができる。スケジュールを見ると、日曜日の夜に羽田空港に戻る便があった。これなら金曜日を休むだけですむ。

マレーシアのクアラルンプールに着くとしたら、行き先はマラッカでしょ。自然と夕日を眺めるポイントまで決まってきてしまった。

クアラルンプール行きのエアアジアは、ほぼ満席だった。マレーシア人のほうが圧倒的に多かった。日本の寒さを耐えようとしたのか、厚手のコートに毛糸の帽子、マフラー、手袋という完全防備である。「十一月の東京はそんなに着込むほど寒くないだろう」と、東京よりさらに寒い信州で生まれ育った僕は、寒さに強いところを見せ、得意気な表情で座席に腰を下ろした。しかしエアアジアの機内の空調は、南国仕様になっているのか、けっこう寒かった。LCCであるエアアジアは、機内に毛布を用意していない。クアラルンプールに着いたら、鞄《かばん》にしまえるようにと、羽織っていた薄手のコートの襟許《えりもと》をおさえた。

東南アジアを中心に飛ぶエアアジアは、中型機を使うことが多かった。エアバス320やボーイング737という機種である。このタイプは中央の通路を挟んで、左右に三席という配置になっていた。少しでも多くの客を乗せようと、座席の間隔も狭くなっていた。

羽田空港からクアラルンプールまでは六時間ほどのフライトである。

「あの席はちょっと辛いか……。まあ、五万円もしない航空券だからな」

狭い座席というものは、これまで何回も、何時間も経験していた。とくにバングラデシュやインドのバスは、足を入れられないほど座席の間隔が狭いときがある。インドという国は、国は広いが、やることはセコいのだ。そんなバスに十時間、二十時間と揺られたこともある。旅を繰り返し、それを原稿に書き込んでいくという仕事を二十年以上も続けて、五十八歳にもなると、胸躍る旅話よりも、過酷で、話すたびに尾てい骨や足先が痺《しび》れてくるような経験ばかりが堆積してしまう。いや、年をとってもビンボー旅に傾いてしまい、安さに目を輝かせてしまう結果なのだが……。

覚悟して座ったが、

「おやッ」

と足が喜んでいた。一般の飛行機のように広くはないが、東南アジアの諸都市を結ぶエアアジアよりは広い気がした。飛行機も大きく、通路も二本で、それぞれ三席、つまり九席が横に並ぶタイプだった。

「これなら眠れそうじゃない」

辛い旅を続けてきた男とは単純なものなのだ。飛行機が離陸する前から寝入ってしまった。

「下川さんって、気がつくとだいたい寝てますね」

列車やバス、飛行機に一緒に乗った知人からよくいわれる。そのつもりはないのだが、どうもそうらしい。これは不思議なのだが、飛行機が飛びたつとき、圧力が体にかかってくる。それが僕の場合は、眠りに入るスイッチになっているようで、コトッといってしまうのだ。だいたい目が覚めるのは、安定飛行に入り、機内食が配られるときである。ところが、LCCには機内食のサービスがない。これも節約策のひとつだった。その代わり、カップヌードルや飲み物などを乗せたワゴンがやってくる。しかしそれらは有料だから、寝ている客のところに強引に機内食を置くようなことはしない。うとうとした記憶のなかに、ワゴンが通る風景やゴミを集める声が残っているが、僕はかなりの時間、寝入ってしまったらしい。

ときどき夜行便と呼ばれる飛行機に乗るが、夜中の機内食はどうかねェ……と思うことがある。午前一時ぐらいに出発する飛行機に乗ると、午前二時ぐらいに食事をとることになるのだ。夕食はすませて飛行機に乗るわけだから、これは夜食というこになるのだろうか。出されたものはなにか惜しい気がして、つい食べてしまうのだが、この食事はなくてもいいと思う。既存の航空会社は、一回のフライト中に一回は機内食を出すというしきたりにこだわっているようなのが、なんだか無駄なことにも思えるのだ。

LCCは機内食は有料……と決めてしまった。それは節約策のひとつだが、こうして夜行便に乗ると、けっこう寝ることができるという結果を生んでいるようでもあった。

予定より三十五分早く、クアラルンプールに着いた。イミグレーションを通り、荷物を受けとって外へ出ても、朝の七時前だった。到着したのは、LCCTというターミナルだった。ローコストキャリアターミナル。LCC専用である。発着案内を見ると、ほとんどがエアアジアだった。エアアジア専用ターミナルのようでもある。

便数は多い。もう五分、十分おきといった感じでフライトがある。マレーシアのLCCは、東南アジアの足として定着していた。

LCCTからクアラルンプール市内に出、そこにあるバスターミナルから、マラッカに向かうつもりだった。市内のバスターミナルへの行き方をインフォメーションに訊きにいった。

「バスターミナルへは、クアラルンプールセントラル駅までバスで出て、地下鉄ですけど……ここからマラッカ行きのバスも出てますよ」

「ここから?」

「そのほうが楽でしょ」

LCCTを利用する人が増えれば、自然とバス便も充実してくるということなのだろう。マラッカまでのバスの切符売り場は、ＬＣＣＴの国内線到着口にあった。片道二十二リンギット、約五百五十円。二時間半ほどでマラッカに着くという。午前中にマラッカに着いてしまうではないか。あまりのスムーズさに、ちょっと戸惑ってしまった。昨日の今頃は、オフィスに向かう電車に乗っていた。電車のドアが開くと、冷たい風が入り込み、足許が震えた。

しかしいまは、半袖シャツ一枚である。マラッカまで二時間半か……などと、南国の空を見あげながら呟《つぶや》いている。気温はぐんぐんあがり、もう二十八度。日本を出発して七時間しか経《た》っていないというのに、もう別世界である。

マラッカ行きのバスも、日本とは別世界だった。わずか約五百五十円だというのに、通路を挟んで二席と一席というゆったりのシートだった。日本にもこの配列のバスはあるが、豪華バスの類に入ってくる。二時間半で五百五十円というわけにはいかない。マレーシアの物価は日本よりは安いが、ＬＣＣＴにあるレストランの朝食は、飲み物も合わせると八、九リンギットだった。日本円で二百円ほどである。それほど安いわけではない。そう考えると、バスはとびきりに安い。いや、日本の交通費がべらぼうに高いのだ。それがＬＣＣの導入が遅れた一因でもあったのだが。

飛行機のビジネスクラスのような席に座る。赤いカバーがちょっと恥ずかしかっ

LCCTの国内線到着フロアーのバスチケットカウンター。目的地探しが大変

マレー語&英語の表示。最近、マレー人の勢いに中国系とインド系の人々は押され気味だ

LCCTからマラッカ行きのバスが出る時代。人の流れが変わりつつある

たが、申し訳ないほど広い。車窓には油ヤシのプランテーションが続いていた。強い日射しに照らされた葉が、南国の風に揺れる。うっとりするような眺めを見ているうちに、まぶたが重くなってくる。日本からの機内で眠ったとはいえ、やはり飛行機なのだ。その寝不足分は、マラッカまでのバスでとり返していた。

マラッカのバスターミナルから市内までは少し距離があった。タクシーを降りたのは、旧市街の入口だった。南洋風の建物が連なるエリアで、世界遺産にも指定されていた。さして熱心に探しもせずに宿を決めた。平日割引だといって、中田カメラマンとふたりでツイン一室を百五リンギットにしてくれた。日本円で二千六百円ほどである。

チェックインをしていると、インド系のスタッフが、小さな紙切れを渡してくれた。

「……?」

「パスワード」

マレーシアのホテルでは、Ｗｉ－Ｆｉが常識になっているようだった。皆、パソコンを持参しているのだろうか。いや、スマホ? そういう僕もラップトップ型の

マラッカまではこのバス。LCC に乗ってきた身には戸惑いの広さ

バスは車窓に油ヤシのプランテーション。南国に来たな……と呟いてしまう

パソコンを鞄のなかに入れていた。日本とのメールでの連絡もあるが、LCCの予約など、海外でパソコンを使う機会はこのところ、ますます多くなってきていた。

部屋に入り、パソコンの電源を入れてみる。パスワードを入れると、きちんとつながり、届いたメールの件名が画面に映し出された。時計を見た。日本の時刻は午後の三時である。皆、働いている時間だ。今日は金曜日なのだ。

メールというものには、怖《おそ》ろしいほどの吸引力がある。届いたメールの字面が、胃が痛くなるような仕事の世界に一気に引きずり込んでしまうのだ。ここはマラッカで、南国の日射しが照りつけているというのに、画面からは東京の仕事のエーテルが流れだし、パソコンの周囲五十センチほどの空気だけが澱《よど》んでいる。

実はパソコンのスイッチを入れるとき、一瞬、躊躇《ちゅうちょ》した。メールがつながってしまうことが怖かった。それなら、パソコンなど持参しなければいいわけで、そのあたりはいくじないといつも思う。

果してインターネットはつながってしまった。急ぎの案件だけ返信した。面倒な内容らしきものは、そのメールを開かなかった。その世界に入ったら、このホテルの部屋が仕事場になってしまう。返信を出したら、今度はその返事が気になってしまい、ずるずると仕事に足を引っぱられてしまうことがわかっていたからだ。

もうマラッカの夕暮れをのんびり眺める精神状態ではなくなってしまう。プンという音を残してパソコンの電源が切れた。はい、ここまで。そんな気分で顔をあげた。

東京の寒空を思いながら、申し訳ないとは思う。返信がないことにいらいらしている人もいるかもしれない。しかしその相手は、僕がどこにいるのか知らない。週末アジアなのだ。心のどこかには、

「いま、マラッカだもんね」

とぺろっと舌を出すような気持ちもある。

明日は土曜日だ。いくらインターネットの環境がよくても、もうメールは開かない。そう決めて、パソコンを鞄にしまった。

「四階からの眺めがいいんですよ」

チェックインのときに、フロントの男性スタッフが口にした言葉を思い出した。部屋は三階だった。四階はテラスのようになっていた。眼下に短い運河が見えた。その周囲には、最近オープンしたばかりのような欧米風のレストランやカフェが並んでいる。目を転ずると、中国風のそり返った屋根が連なっていた。この街並みが世界遺産なのだろう。

その向こうに海が見渡せた。マラッカ海峡である。海岸まで少し距離はあるが、歩いて行けないこともなさそうだ。今日の夕暮れは、あの海岸にしよう。空は茜色に染まってくれるだろうか。

運河沿いの歩道を進んだ。午後五時。夕暮れには十分に時間がある。運河に面して高級ホテルが建ち、歩道は宿泊客の散歩コースのような雰囲気だった。マラッカのベイエリアといった設計だった。そこを抜けると、道が急に広くなり、倉庫や工場が並ぶ殺風景な一帯に出た。海岸に平行につくられた道路は高架式になっていて、その下を抜けると、だだっ広い草原になった。埋め立て地のようだった。何年もすれば、ここも建物で埋まるのだろう。

海岸は目と鼻の先だった。海には大型の貨物船が停泊している。その姿が西からの日を受けてシルエットのように見える。

海岸には砂浜はなかった。波打ち際に沿って、テトラポッドが積み重なっている。その手前が草原になっていて、家族連れやカップル、若者たちが遊びにきていた。

ここが砂浜だったら水着姿の人々がビーチパラソルの下で……という光景は、マレーシアではあまり期待できなかった。主な民族であるマレー人はイスラム教徒が

マラッカに残る南洋風の建物群。いまも使われている

中国風の屋根が連なるマラッカの旧市街。テーマパークのよう

多く、女性はスカーフをかぶる人が多かった。肌を晒すことは敬遠された。そんななかで、水着姿になるということは、日本のビーチで水着をとって裸になるのと同じレベルなのだ。

以前、クアラルンプールの公園をぶらぶら歩いていたことがあった。園内に流れるプールがあり、そこで子どもと母親が遊んでいた。子どもは水着姿だったが、母親はスラックスにTシャツ、そして頭にはスカーフという姿だった。衣服は水びしである。スカーフも裾のあたりから水滴がたれていた。イスラムの女性たちは、そこまで守らなければいけないことだった。

マレーシアのなかでもペナンやランカウイといった島のリゾートビーチは欧米人も多いから、絵に描いたようなビーチになる。しかしこのマラッカの海岸はローカルそのものだった。

それでも潮風に吹かれる夕暮れどきは気持ちがいい。テトラポッドの上に座ってぼんやりと海を眺めにくるわけだ。そういう場所はデートスポットにもなる。

僕にはひとつの作戦があった。作戦？　夕日を眺めながらビールを飲むことを、作戦というほどのことではないと思うかもしれないが、マレーシアではやはり作戦だった。

この国はマレー系、中国系、インド系の民族で成り立っている。宗教の違いもあり、違う民族と結婚することはまずない。しかし街は、それぞれの民族で分かれているわけではないからややこしいことになる。食べるものが違うのだ。それはビールも同様だった。

マレー半島を鉄道で縦断したことがあった。あれはパシルマスという街だったろうか。夕方に着き、さて食事でも……と街に出たのだが、ビールを置く店はなかなかみつからなかった。

「あの角を曲がったところに中華料理屋があるから、あそこならビールがあるはず」

その言葉を信じて店まで行くと閉まっていた。中国系の店がないと、なかなかビールを飲むことができないのだ。

翌日、列車で南下し、グマスという街に着いた。夕方、一軒の店に入ると、そこでインド系の男ふたり、ギネスビールをちびちびと飲んでいた。

そんなビール事情なのである。クアラルンプールといった大都市では、食堂の民族分けが難しくなり、サテというマレー風のやき鳥を出す屋台でもビールを飲むことができた。しかし地方都市の事情は違う。地元の中国系やインド系の人なら、ビールを出す店を知っているのだろうが、ふらりとやってきた旅行者には、事前にビールの存在を確認することは難しかった。

マラッカはどうだろう？

「やっぱり、マラッカ海峡を見ながらビールでしょ」

「海岸に売店があっても、マレー人が多いところだったら、ビールは……」

「ないかもね」

中田カメラマンと顔を見合わせた。

ビールを事前に買うことにした。こういう作戦を立てないと、確実にビールを飲むことはできないのだ。鞄のなかには、マラッカの旧市街の売店で買った缶ビールが入っていた。もうすっかりぬるくなってしまっただろうが、ビールはビールである。

海岸に沿った公園の隅に、一軒の屋台のような売店があった。もしかしたら冷たいビールがあるかもしれない……。

店にはソーセージや天ぷらもどきなど、ビールのつまみにぴったりのものが並んでいた。横に氷を入れた大型のクーラーボックスがあり、飲み物が冷えている。そこを探したが、やはりビールはない。

「ビールないですよね」

店のおじさんに聞いてみた。

「ないね。日本人？　なにしに来たの。ここまで」

夕日を見にきたとはとてもいえなかった。それも昨夜、東京を飛行機で発って……。

テトラポッドに腰かけて夕焼けを待つしかなかった。

西の方向の空は、七割ほどが雲に覆われていた。太陽が少しずつ、本当に少しずつ沈んでいくと、雲のあい間から、やや黄を帯びた光が漏れてくる。その光に、マラッカの港に停泊する船が逆光で浮かびあがり、海に走る茜色の筋が波に揺れた。

夕日を眺めるときいつも思う。のんびりなどという安易な言葉を遣ってしまうが、その時間というものは、かなり暇なのだ。太陽の動きは遅々としていて、じっと見つめていてもほとんど動かないような気になる。しかし十分も待てば、雲の間から漏れ出る光の角度が変わっている。

もう少し待てば、あの上の雲が染まりはじめるだろうか……と空を見つめているうちに、時間は刻々と進んでいく。気がつくと、一時間があっという間にすぎている。

こういうことをしたくて日本から……。できれば冷たいビールが……

そう、そういう時間のなかに身を沈めたかった。夕焼けは一回たりとも同じものはない。今日はどれほど、空の色が変わっていくかもわからない。

周囲をはばかるように缶ビールの栓を開けた。なぜかこの海岸にやってくるのはマレー系の人ばかりだ。インド系の男たちは、家に帰る地下鉄に揺られているのかもしれない。中国系の人たちは、食堂の狭い厨房でせこせこ働いているのだろうか。

時刻は六時三十分だった。ぬるいビールをひと口飲んだとき、間が悪いことにモスクのスピーカーからアザーンというコーランの詠唱が響いた。

空を眺め続けていた。それほど広い範囲の夕焼けではなかった。雲の切れ目が鮮やかに染まり、そのはるか上のうろこ形の雲がうっすらと色を変える程度だった。気がつくと、もうあたりは暗く、売店の裸電球がやけに眩《まぶ》しく輝いていた。

「なにかこう、しっくりこないんだよな」

「こういう店に入ると、どこの国にいるのかわからなくなる……」

その夜、旧市街のなかのパブのような店に入った。

暗くなって旧市街に戻ると、街に並ぶ中国風の建物は、それぞれが赤いライトで照らされていた。このあたりの建物は、正面に建てられた年が記されている。中国風だけではなく、オランダやポルトガル、イギリスといったヨーロッパ建築の影響も受けていた。通りにある説明を読みながら、その歴史には頷《うなず》くのだが、どこかのテーマパークに迷い込んでしまったような感覚が胸につかえていた。

その時代を漂わせる店があるわけでもなかった。ここを訪ねる欧米人を意識しているのか、バーやカフェスタイルの店が多い。バンコクのカオサン通りにある欧米人向きのカフェに入っている気分だった。アジアの観光地は、すべてひとりのデザイナーが内装を担当しているのではないか……と思えるほど似てきている。

料理も、一応、マラッカ風と謳《うた》ってはいるのだが、なぜかつけあわせがフライドポテトだったり、フライドチキンのソースだけがマラッカ風だったりする。

違いといえば、スタッフぐらいだった。中国系らしき若いマレーシア人スタッフはあまり働かず、テーブルの間を忙しそうに歩くのはひとりの女性だけだった。彼女が注文をとり、料理を運んでくる。英語もどこかたどたどしい。

訊くとベトナム人の女性だった。出稼ぎにきているのだという。

テーマパークのようなマラッカの街並み、そして働くベトナム人女性……。なんだか鼻白む思いが募るのだ。

「旧市街にいるからいけないいんじゃないかな」

「リアルなものがないんですよ」

運河を越えてみることにした。

橋を渡ると、急に車が増えた。車の間を縫うようにして道を渡ると、入口が開け放たれたコンビニのような、スーパーのような店があった。角にレストランがあり、そこからフィリピンバンドらしい音が流れてきた。


カメラマンの中田氏は、中国に留学していた経験があり、中国語を操る。店の主人となにやら話し込んでいる。

「こっちがリアルマラッカですよ。旧市街にあるのは、世界遺産のマラッカ。この先に面白い店があるらしいんです。行ってみませんか」

雑駁《ざっぱく》な街だった。歩道にはゴミが舞い、途中にあった市場では、男たちがテーブルにビール壜《びん》を十本以上並べて騒いでいた。なんだかこういう街のほうがしっくりとアジアが漂ってくる。アジアはそんな紳士の街ではないのだ。

教えられたのは、マラッカのドン・キホーテのような店だった。いや、ドン・キホーテのほうが、まだ整っている。冷蔵庫の横に文具が並び、先に進むとまた冷蔵庫がある。中身を見比べると、まったく同じものが入っている。このなかで目的の物を探すということは、秋の山でマツタケを探すようなものかもしれない。どこをどう歩いたのか覚えていないが、突然、棚に酒壜が並んでいた。マレーシア産のウイスキーやウォッカだった。イスラム色が強い国だというのに、こんなものをつくっていたのだ。マレーシアという国は、これでなかなか奥が深そうだった。

もう世界遺産のマラッカは離れようと思った。翌朝も、このリアルマラッカで、朝食をとるつもりだった。再び運河を越えようと旧市街を歩いていると、人で賑わう食堂があった。東側から照りつける朝日はすでに強く、すだれがかかっている。その間からのぞくと、地元のおじいさんやおばあさんがそばを啜《すす》り、お茶を飲んでいた。

昨夜、このあたりは通ったはずだった。店は閉まっていたのだろう。夜はこの街を世界遺産に譲っているということなのかもしれない。観光客が起きてこない朝の間だけ、普通の街が顔をのぞかせる——。いや、旧市街も高齢化が進み、老人は早く寝てしまうというだけかもしれないが……。

その日、土曜日の午後、クアラルンプールに出た。ビルが林立する大都会である。チャイナタウンにある安宿に泊まり、日曜日の便で東京に戻った。

羽田からクアラルンプールまで向かうエアアジアに乗り込む。搭乗にはタラップを使う。夜風が冷たかった

エアアジアの客室乗務員は化粧が濃い目で、早口の英語が特徴だ

有料の機内食メニュー。暇つぶしになにか食べようか……。そんな気にさせる

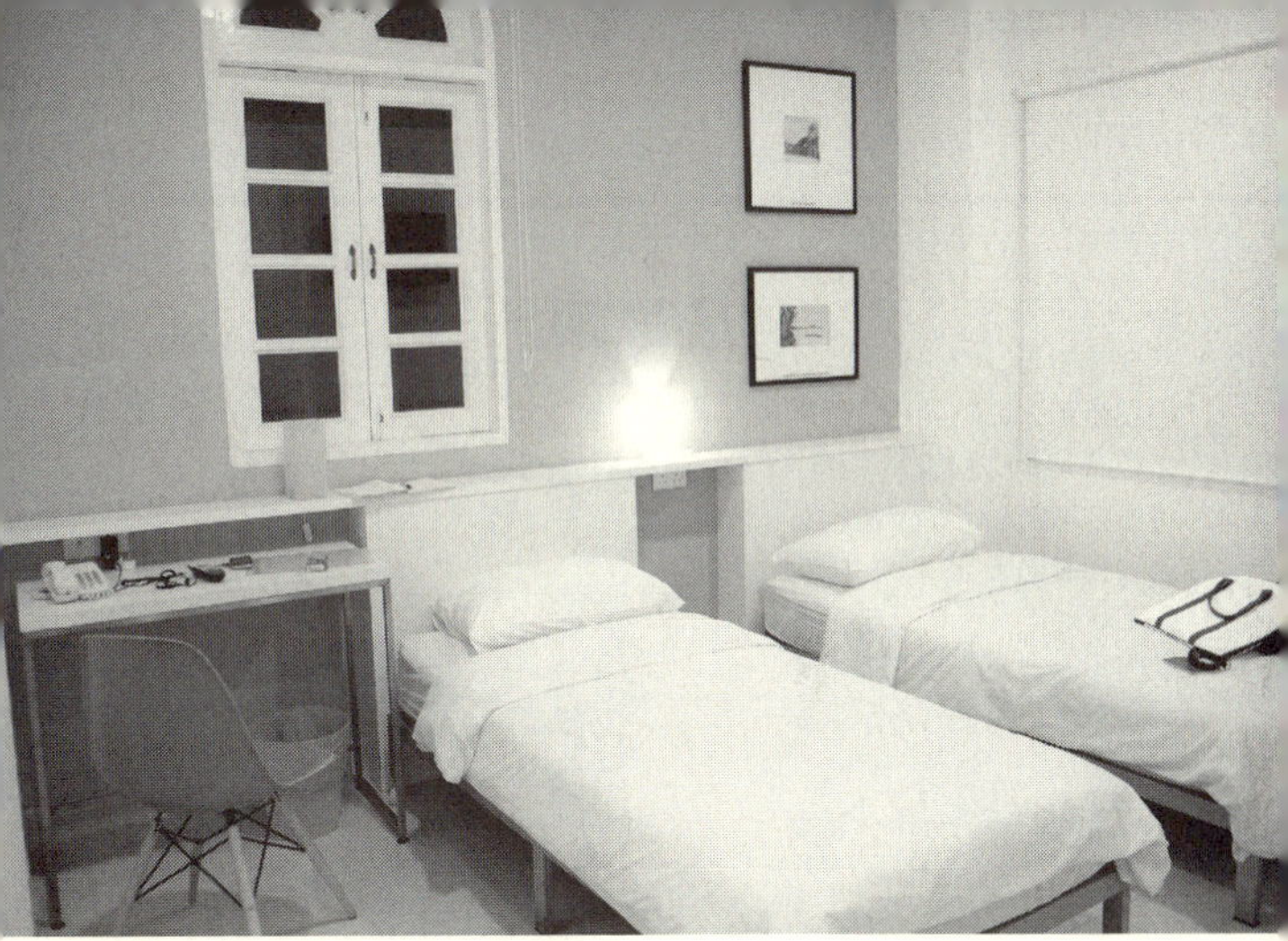

マラッカで泊まったホテル。簡素なホテルがマレーシアでは増えている

イスラム色の強いマレーシアで、
ウイスキーがつくられている。
飲まなければいいってこと？

マラッカの旧市街。夜はパブが目立つ。
無国籍の眺めが広がる

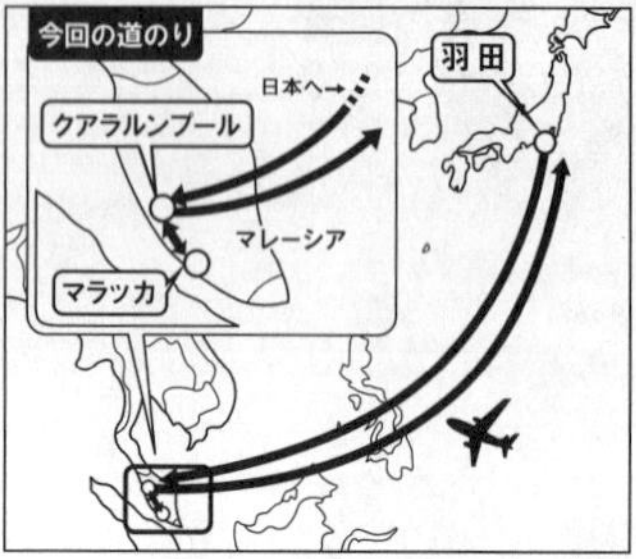

る。

クアラルンプールを深夜の23時30分に出発し、翌朝の７時40分に到着する便は、毎日、就航している。日曜日の深夜に出発し、月曜の朝に着いて、そのまま仕事に出るというスケジュールも可能だ。ちょっとハードだが。

【クアラルンプール―マラッカ】

ＬＣＣＴとマラッカを結ぶバスが運行されているが、１日数便。クアラルンプール市内にあるバスターミナル発着のバスのほうがはるかに便数が多い。時間帯にもよるが、このバスを利用してもいい。ＬＣＣＴとクアラルンプールのセントラルを結ぶバスは頻繁に運行されている。そこから地下鉄を利用してバスターミナルに行くことになる。

【費用】 ※飛行機代は諸税と燃油サーチャージ代込み

飛行機代（羽田―クアラルンプール）………… ４万9856円（往復／エアアジア）
バス代（クアラルンプール空港<LCCT>→マラッカ）…………約550円
タクシー代（マラッカバスターミナル→マラッカ市内）…………約300円
バス代（マラッカ→クアラルンプール市内）………………………約320円
バス代（クアラルンプール市内→クアラルンプール空港）……約200円

１リンギット＝約24.5円（2011年11月。取材当時）

旅のDATA　マレーシア（マラッカ）

首都圏の場合、昼間に仕事をして、夜行便でマレーシアのクアラルンプールに向かうのは、羽田空港発のエアアジアのみ。帰路はクアラルンプールを午後14時45分に出発し、夜の22時30分に羽田空港に着く。エアアジアは関空からも就航している。クアラルンプール市内のバスターミナルからマラッカまでのバスも頻繁に運行されている。

【羽田空港―クアラルンプール】

僕らが利用した2011年11月以降、エアアジアは大幅に増便された。2012年６月現在は週６便体制。月曜、火曜、水曜、木曜、土曜、日曜の出発だ。土曜出発といっても、午前１時30分発だから、金曜日の夜に出発することが可能になった。

行きのフライトはすべて夜行便である。朝の６時台～７時台にクアラルンプールに着く。本文でも紹介しているように、エアアジアが到着するＬＣＣＴからマラッカ行きのバスが運行されている。

帰国便はクアラルンプール発が月曜、火曜、水曜、木曜、金曜、日曜。どれもクアラルンプールを午後に出発し、22時台～23時台に着く。

現在は金曜日の深夜に発ち、日曜日の夜に帰国する日程を組むことができる。

しかしＬＣＣは変更が激しい。搭乗客数が増えると増便し、減ると便数を減らす変更を頻繁に行う。フットワークが軽いのだ。この対応の早さが収益を生む構造でもある。

【成田空港―クアラルンプール】

マレーシア航空と日本航空が就航している。マレーシア航空は１日１～３便体制。午前10時台の便は毎日、夜に出発するのは週４便。日本航空は11時台の便が毎日ある。

週末アジアの旅を考えたら、マレーシア航空の夜に出発する便が使いやすい。クアラルンプールには、早朝の４時30分に到着する。木曜か土曜の夜に成田空港を出発する便が週末旅向けだ。

帰国便はふたつの選択肢がある。11時にクアラルンプールを発ち、成田空港に夜着く便は週４便。これを利用するなら、日曜日の便にな

第四章

シンガポール マレーシア

金子光晴の『マレー蘭印紀行』のように、熱帯雨林の深い森に堕ちていってみる

バトゥパハ川

船はバトゥパハ川をゆっくりと遡りはじめた。川面は鏡のように静かで、規則正しいエンジン音だけが、しんとした川筋に響いていた。

——ぱつんぱつん。

金子光晴は、『マレー蘭印紀行』(中公文庫)のなかで、船のエンジン音をこう書き記した。昭和初頭のことである。いまの船に搭載されているエンジンよりも旧式だったはずだ。

——機関が、ぱつんぱつんといいはじめ、右の岸寄りにすこしかしいで進みはじめると、陽照りのじりじり焦げつく船尾の板のうえに舟夫は、平気であおむけにねそべった。

八十年ちかくも前、金子光晴が遡ったルートを辿ってみたかった。そしていま、彼と同じように、バトゥパハ川を走る船のなかにいる。船といっても、船頭ひとり、その連れの男がひとり、ふたりで操っているだけだ。客は、僕と中田浩資カメラマンだけである。

金子光晴がこの川を遡ったときから、長い年月が流れたが、周囲の風景はなにも変わっていないように思える。季節も同じ十一月である。水際ぎりぎりまで水生ヤシが生い茂り、色鮮やかな南国の鳥が奇怪な声をあげる。

週末にアジアに行く……。それはとりたてて難しくはない。韓国や台湾なら、実際、多くの日本人が週末に出かけている。ガイドブック片手に、いかに効率よくまわろうかとプランを練る。エステやマッサージにも行きたいし、サムゲタンや小籠《しょうろん》包《ぽう》も……。それも週末旅である。

しかしもうひとつの旅がある。あてもなくといったらオーバーだろうが、あり余る時間を弄ぶように、ただ歩いていく旅である。こういう週末旅は難しい。だいたいそういう目的のない旅は、圧倒的な時間の空白のなかから生まれてくるものなのだ。そんな時間は週末旅のなかには存在しない。

昔、一年に及ぶ旅に出たことがある。二十七歳のときだった。会社を辞め、ザックを背負って成田空港を出発した。ちょうどプロ野球の日本シリーズが開幕している時期だった。成田空港のテレビには、いまはプロ野球の解説者になった江川卓《すぐる》が映し出されていた。巨人のユニホームを着た彼がマウンドに立っていた。

そのときはアフリカへ渡り、パキスタン、インド、バングラデシュと少しずつ日本に近づいてきた。会社を辞めるとき、「旅に出る」という理由を上司が信じてはくれなかった。思いつきで、「世界の難民を見にいく」と口にした。しかし僕のなかでは、はっきりとした旅の目的があったわけではなかった。

旅は暇だった。現地のバスに乗り、安宿をみつけだして泊まるバックパッカー旅の技術など、二カ月も旅を続ければ身についてくる。そこから先は、朝、目を覚まし、さて、今日はなにをしようか……という日々が続くことになる。旅が日常になってくるなかで、でまかせのように口をついて出た難民という単語が浮かびあがってきたこともあった。バスに乗り、難民キャンプまでは行くのだが、一介のバックパッカーにキャンプに入る許可が出るわけではなかった。粘り強く交渉し、現地の伝《つて》を辿っていけば、キャンプに入れないわけではないこともやがてわかってきたが、その手続きをするエネルギーもなかった。難民の現状を原稿に書くつもりもなかった。

それでも旅を続けた。いつの間にか、難民という言葉も、旅の空に霧散し、目的などなにもなくても、旅を続けることができるという感覚が、アジアのごみごみとした街の片隅に生える苔のように、体のなかで繁殖していくことがわかってくる。今朝の飯はうまかった。昨夜の宿は蚊が多くて大変だった……。それでも旅を続けることはできる。

一年近い旅を僕は終えた。まだ旅を続ける資金も残っていたが、日本を出発するときに買った航空券が一年オープンだった。チケットを無駄にしてもよかったのだが、なんとなく……日本に帰ってきた。

それからさまざまなことがあった。ひょんなことから、旅の物書きになっていた。そしてそのときから、旅は仕事になってしまった。

しかしいまになって気づくことがある。

原稿用紙に書き込んでいく僕の旅のエッセンスは、あの二十七歳のときの一年にぎっしり詰まっているのだと……。書く内容や国が違っても、そこに流れる旅は、あのときのものだったと……。旅が仕事になってから、僕はもう、数えきれないぐらい海外に出ている。しかし、あのときの旅を超える旅は一回もない。あの旅が、最初で最後だった……と、アジアのバスや鈍行列車に揺られながら思うのである。

金子光晴の『マレー蘭印紀行』をザックのなかに入れるようになったのは、いつ頃からだろうか。かれこれ十年ほどになる。小さな薄い文庫本である。旅先で出会った人のなかに、「それを読んでみたい」という人もいて、二回ほど手渡している。いま持っているのは三代目ということになる。

——川は、森林の脚をくぐって流れる。……泥と、水底《みなぞこ》で朽ちた木の葉の灰汁《あく》をふくんで粘土色にふくらんだ水が、気のつかぬぐらいしずかにうごいている。

こんな書き出しではじまるマレー半島を中心にした旅行記である。

そこに流れるものは、僕にとっての旅への渇望のような気がする。『マレー蘭印紀行』は、壮大な旅行譚《たん》ではない。いくじのない男が、逡巡《しゅんじゅん》を抱えながらマレー半島を歩く話だ。旅の目的もない。しかしアジアの宿の薄暗い灯《あかり》の下や、空港の待合室のベンチでこの本を開くと、二十七歳のときの旅が蘇《よみがえ》ってくる。

あんな旅は二度とできないが、仕事の旅の間に、人生を忘れてしまうような一瞬があってもいいような気がする。

旅の充足というものは人それぞれなのだろう。しかし一回、長い旅をしてしまった人は、週末にアジアの大都市へ行き、名物料理を食べるパッケージツアーのような旅の前で足が竦《すく》む。それはそれで、国内旅行のような乗りですごせば楽しいだろう。しかし、週末の旅であっても、あの体がとろけるような旅の時間に浸ることができたら……。

東京からは羽田空港を深夜に出発するマレーシアのＬＣＣ、エアアジアを使った。

羽田空港とクアラルンプール往復で四万九千八百五十六円。やはりLCCは安かった。しかしクアラルンプールからシンガポールまでのエアアジアの運賃には、小躍りするほどの安さだった。片道十四リンギット、日本円に換算すると約三百五十円ほどなのだ。そこに税金や燃油サーチャージが加算されて、四十九リンギット、約千二百円だった。一時間ほどのフライトだが、この値段で移動することができてしまった。日本でJRを利用し、東京駅から小田原駅まで行くと、片道千四百円を超えてしまう。なんだか別世界の運賃だった。羽田空港からクアラルンプールまで往復五万円弱という運賃を安いと感じていたが、アジアのLCCの値頃感からすれば、もっと安くてもいい気がする。やはり日本に乗り入れる便は、LCCといっても高めに設定されているようだった。

シンガポールの空港から地下鉄に乗り、リトル・インディアで降りた。金子光晴が、『マレー蘭印紀行』のなかで書いたジャラン・ブッサルという通りは、この駅の近くにあったからだ。

公園都市を標榜《ひょうぼう》するシンガポールは、木々が多い街だ。市街地にも林が多く、南国の鳥がカフェのテーブルに現われたりする。人が暮らす都市という空間の理想形をつくろうとしているのかもしれないが、公園のような街に滞在する一日目は快適なのだが、二日目から、自分の居場所がみつからず、街がよそよそしく映りはじめるのはなぜだろうか。シンガポールに滞在すると、二日目にはついリトル・インディアに向かってしまう。シンガポールのなかで、猥雑《わいざつ》さが残る数少ないエリアなのだ。周辺の木々も少なく、地下鉄を降りると、ほかの街より気温が一、二度高くなる気がしたものだった。

金子光晴が滞在した頃も、この界隈は猥雑な一帯だったらしい。「新世界」と呼ばれた一画で、『マレー蘭印紀行』にはこんなふうに描かれている。

——界隈のじごく宿から、白い面をかぶったような襟垢で首の黒い娼婦達が、客釣りに出てくる。額の毛のぬけあがった鴇婆をうしろに従えているものもある。

リトル・インディアの駅から、インド料理屋や安っぽい雑貨を置く店の間を歩いてみた。どこからともなくインド線香の甘ったるい香りが漂ってくる。通りの一画に欧米人がたむろしていた。見あげるとゲストハウスだった。シンガポールは、バックパッカー向けの安宿がほとんどなかったのだが、リトル・インディアに彼ら向けの宿が生まれつつあるようだった。

いくつかの角を曲がると、広い通りに出た。バスがかなりのスピードで走り抜けていく。通り名を見ると、ジャラン・ベサール。ここが金子光晴が書いたジャラン・ブッサル通りだろう。道路の反対側は、再開発のただなかなのかビル建設現場が広がり、当時の面影などなにもなかった。通りに沿って少し進むと、古い中国風の建物があった。「1966」という建てられた年と『廣末呉氏書室』と書かれている。しかし金子光晴がここにいた年代より四十年ちかくも後に建てられていた。八十年も昔の面影を探すのは大変なことのようだった。

「シンガポールには、もう、なにも残っていないかもしれない」

そんな思いを胸に、広い道を渡った。ちょっとしたあき地があり、その向こうに数階建ての建物が見えた。

「あった」

思わず声が出てしまった。その建物には、『新世界中心』と書かれていた。建物はショッピングセンターのようだった。上の階は駐車場になっている。昔はこんな建物もなかったのだが、その名前に『新世界』が残されていた。

マレーシアのジョホールバルに向かうことにした。金子光晴もシンガポールからバスでジョホールバル、そしてバトゥパハをめざしている。そのルートを辿ってみようと思った。ジョホールバルまでの国際バスは、アラブストリートから出発した。

運賃は二・四シンガポールドル、約百五十円だった。クアラルンプールからシンガポールまでのエアアジア、そしてこのバス。なんだかこのエリアの乗り物は、日本に比べるとひと桁違うほど安かった。

ジョホールバルのバスターミナル近くのホテルに一泊し、翌朝のバスでバトゥパハをめざした。高速バスは、油ヤシやゴムのプランテーションの間につくられた道路を、進んでいった。

心なしか、空が広くなってきたような気がした。海が近いのかもしれなかった。バスは高速道路を離れ、アメリカの地方都市を思わせるような道を進んだ。道路から沿道の家まで距離がかなりある。しだいに家の密度が増し、五、六階建てのビルの間の駐車場のようなスペースにバスは停まった。ここがバトゥパハのバスターミナルのようだった。

「こっちの方向だろうか……」

バスターミナルから当てずっぽうに歩きはじめた。バトゥパハ川を見たかった。それほど大きな街ではなさそうだ。人に訊けば川に出ることができそうだった。

しばらく歩くと、家の間に川が見渡せた。川に沿って家々が建ち並んでいるのだ。前方に三階建ての洋館風の建物が見えてきた。これが旧日本人クラブのようだった。

一階には『祥日貿易』という会社や小さな雑貨屋が入っていたが、二階から上はなにも使っていないようだった。正面に『1925』という数字が残されていた。おそらくその年に建てられたのだろう。右手にまわると『魚商公會』と書かれた建物もあった。これは一九二八年に建てられていた。八十年以上前の建物が、この一帯に残されていた。どれもちょっとした地震で瓦礫《がれき》になってしまいそうなほど老朽化が進んでいた。壁のひびや、ひしゃげた窓枠が、長い年月を物語っていた。

この建物が完成し、周囲に威厳すら放っていた頃、金子光晴は、この三階に泊まっている。バトゥパハの定宿といってもよかった。

——その店に坐って私は、毎朝、芭蕉《ピーサン》二本と、ざらめ砂糖と牛酪《バタ》をぬったロッテ（麵麭）一片、珈琲一杯の簡単な朝の食事をとることにきめていた。

日本人クラブの建物の近くには、何軒ものコーヒー屋があったようだった。僕はあたりを探したが、そんなコーヒー屋は一軒もなく、強い日射《ひざ》しに晒《さら》された白茶けた街並みが続いているだけだった。

金子光晴は昭和三（一九二八）年、妻の森三千代《みちよ》と連れだって長崎から上海に向かう船に乗った。それが四年に及ぶ長い旅のはじまりだった。当時の日本は、戦争に向かう気運が、年を追って高まっていく時期だった。やがて日本は太平洋戦争へと舵《かじ》を切っていく。この頃、中国大陸に渡る日本人の多くは、現地でひと旗揚げるかのようなエネルギーを発散させるタイプが多かった。日本が満州《まんしゅう》国という傀儡《かいらい》国家をつくるのは昭和七（一九三二）年である。中国は、日本人にとっての開拓地になっていく。

しかしそんな日本の空気のなかで、金子光晴が上海に渡った理由を聞くと、耳を疑う人が多いのに違いなかった。妻の森三千代は、金子から離れ別の男のもとにいた。彼はその男から引き離すために、妻をパリ行きに誘う。その旅の最初の中継地が上海だった。

思想的な事情があったにせよ、一度、離れていった妻との間には深い溝ができあがっていた。それを知らない金子ではなかったはずだが、金子は妻を上海に連れだすのだ。しかし彼には金はなかった。東京に住んでいたが、名古屋か大阪までの列車賃しかなかったという。それから四年、金子は借金を重ね、怪しげな絵を描いては売り、旅を続けるのだ。

そのあたりは、『どくろ杯』、『ねむれ巴里』、『西ひがし』といった作品に描かれている。

上海からふたりはシンガポールに向かう。そこから金子は妻をパリ行きの船に乗せる。なんとか集めた金はひとり分の船賃しかなく、先に妻をパリに向かわせるのだ。

シンガポールに残った彼は、そこからマレー半島の旅に出る。本来なら、シンガポールでパリに向かう金策に走りまわるのが筋なのだろうが、彼はマレー半島を北上していく。

この旅行記は、その行程を時系列で追っているわけではない。それぞれのシーンが散文のように綴《つづ》られている。パリに先に向かった妻のことはほとんど出てこない。金の話も登場しない。マレー半島の熱帯雨林を描き、この土地で金を稼ぐ日本人、そしてマレー人や中国人が描かれている。

なんとかしてバトゥパハ川、そしてセンブロン川やシンパンキリ川を船で遡ってみたかった。金子光晴がその船に乗っているのだ。『マレー蘭印紀行』のなかには、センブロン川に沿ったアエル・イタム、ライヤ、そしてシンパンキリ川に沿ったスリメダンという地名が出ている。日本人経営のゴム園や鉄鉱石の採掘場がある地名だった。

バトゥパハの街に着き、バスターミナル近くで、この地名を訊いてみた。発音が悪いのか、アエル・イタム、ライヤという地名に、バトゥパハの人々は首を振るばかりだったが、スリメダンという地名に反応してくれた。

「スリメダンなら山の方だよ」

ひとりの男が遠くに見える山並みを指さしていった。

「そこまで船で行きたいんですけど」

「無理だね、車だけだ。バスも通っていないから、タクシーに乗るしかない」

何人かに訊いてみたが、同じような言葉しか返ってこなかった。

旧日本人クラブが入っていた建物の向かいに、一軒のローティー屋があった。ローティーは、厚手のクレープ状のもので、金子光晴が朝、コーヒー屋台で食べていたロッテだった。そこも屋台で、その脇にはバトゥパハ川沿いに建つ家への通路がのびていた。白いムスリムキャップをかぶった主人に訊いてみた。

「スリメダンに船で行きたいんだけど……」

主人の反応はこれまでと違った。

「何年か前、同じことを訊いてきた日本人がいたな。バトゥパハ川を遡って、シンパンキリ川に入った先にあるスリメダンだろ？」

シンガポールのリトル・インディア。和洋折衷ならぬ、印中折衷の不思議タウンだ

バトゥパハの街を歩きはじめる。街は閑散としていた。典型的な地方都市だ

このローティー屋で船の交渉がはじまる。場所は旧日本人クラブの向かい

「そう。昔、鉄山があった街」

「いまでもあるよ」

主人は暇そうに屋台に座っていた男に声をかけた。知りあいのような口ぶりだった。手振りでルートを説明しているようだった。その男が携帯電話を手にとった。脈がありそうな予感がした。

ほどなくして、ひとりの老人が自転車に乗って現われた。屋台の主人、暇そうな男、老人の三人でなにやら話している。すると老人が川に向かって歩きはじめた。僕らにも来いという。ぐらぐら揺れる渡しを歩いた。先端に見えた水上家屋は、老人の作業小屋だった。大型のたも、集魚灯らしき電球、ロープなどが雑然と置かれていた。大型の冷蔵庫や簡単な流しもある。カバーが破れたソファも置かれていた。

老人は漁船を所有する漁師だった。

僕らと一緒に渡しを歩いてきた暇そうな男が横に泊めてあった小型船に乗り込んだ。老人は小屋から燃料が入ったポリタンクを持ってきた。

中田カメラマンと顔を見合わせた。

「行ってくれるらしい」

言葉が通じないということもあるのだが、老人ともうひとりの男は、スリメダン

バトゥパハ川を遡る船は、この先に停泊していた。ちょっと心が躍る

まで行ってもいい……という表情ひとつ見せなかった。老人は無口な漁師といった感じで、とりつくしまもなかったが、案内役として船に乗りそうな男が、サインを送ってくれてもいいはずだった。マレーシアでの交渉は、こうやって進むのだろうか。

船賃の交渉もしていない。僕は財布を出し、札を何枚かつまんでみた。男は意味がわかったようで、ローティー屋台の主人に声をかけた。英語がわかるのは彼だけなのだ。

「三百リンギット」

そういわれた。日本円にして七千三百円ほどした。根拠があったわけではないが、少し高い気がした。

「二百リンギットでどう」

ローティー屋の主人は、日本円で五千円ほどの金額に老人や男と相談もせずに頷《うなず》いた。もっと安くても……いや、彼らは燃料代ぐらいでもよかったのかもしれない。金をとって人を乗せることなど、これまで一度もしたことがない様子だった。

小さな漁船だった。老人がハンドルを握り、男がその横に立った。いつもは老人がひとりで海に出、漁をしている雰囲気だった。今日は海とは違い、川を遡る。男が道案内ならぬ川案内を買って出たようだった。

船はバトゥパハ川の中央に出、川上に向かって進みはじめた。川筋に沿って、船がぎっしりと停泊していた。ここがバトゥパハの港のようだった。

十五分ほど遡ると、川は二手に分かれた。ここからセンブロン川とシンパンキリ川になる。スリメダンはシンパンキリ川に面しているはずだった。しかし、どちらがシンパンキリ川かわからない。この川を遡ることができると思っていなかった僕は、この周辺の詳しい地図は持っていなかった。老練な漁師風の老人と案内役の男だけが頼りだった。

ふたりはなにやら話し、迷いもなく舵を右に切った。船頭の老人は無口だった。隣の男が口を開いても、ただ頷くだけだ。船がバトゥパハを離れてから、老人はひとことも喋《しゃべ》らず、ただ前を見ながらハンドルを握っていた。白髪が目立つ頭に紺色の野球帽をかぶり、色褪《あ》せたTシャツを着ている。どこかヘミングウェイが描いた年老いた漁師をほうふつとさせた。舵さばきは信じてもよさそうだった。

支流に入ると川岸から家が消えた。ところどころに倉庫のような建物は見えるが、川縁《かわべり》には水生ヤシが生え、水際ぎりぎりまで植物に覆われていた。金子光晴が眺め、

——水は、まだ原始の奥からこぼれ出しているのである。それは、濁っている。

しかし、それは機械油でもない。ベンジンでもない。洗料でもない。礦毒でもない。

それは、森の尿《いばり》である。

と、『マレー蘭印紀行』で彼が書いた風景が広がっているような気がした。南国の色鮮やかな鳥が水辺を舞い、その甲高《かんだか》い声が熱帯雨林の森に分け入っていく気分を後押しする。

しかし当時と違うことは、川にいくつかの橋が架かっていることだった。コンクリート製の立派な橋の下をくぐりながら進んでいく。しばらく進むとまた橋が見えた。

ふたつ目の橋だった。その手前で船は速度をおとした。そして男が、船のライトをとりつけてあった木の棒をはずしはじめた。

「……?」

橋桁を見あげた。この川は海に近い。おそらく満潮の時間帯で、水位があがっているようだった。乗ったのは、高さが三メートルほどの小さな漁船だった。それでもライトの棒が橋桁にひっかかってしまうらしい。

棒を横に倒した船は、ゆっくりと橋をくぐった。

川幅は少しずつ狭くなってきたような気がする。船が走りはじめた頃、薄墨色に

船がバトゥパハ川を進みはじめた。右側が漁師。このときは川筋に詳しい老練なふたりと思っていたのだが

柱を倒したときにライトまでもがはずれた。後で直さないといけないんだろうなぁ

水位があがり、まずライトのついた柱を倒して、ひとつ目の橋をくぐったのだが……

見えていた山々に、少しずつ緑が入りはじめた。山が近づいてきた。スリメダンは、あの山の麓だろうか。その規模はわからないが、いまでも鉱石を掘りだしているという。

船は鏡のような川をとことこと遡っていった。バトゥパハを出発してから、かれこれ一時間になる。さして広くもない甲板に座っていたが、そこに日除《ひよ》けはなく、僕は薄手のジャンパーを頭からかぶるしかなかった。それでも手の甲がじりじりと、痛いほどに焼けていくのがわかる。十一月だというのに、赤道に近いこの周辺の日射しは暴力的ですらある。

川は蛇行しながら、森に近づいていく。前方に長い筏《いかだ》が見えてきた。エンジン付きの小船が引っぱっていた。若い男が、暇そうに座っていた。これまで、一艘《そう》の船にも出合っていなかった。

案内役の男が声をかけた。なにやら会話があり、僕らが乗る船は停まった。

「……?」

再びエンジン音が響き、船は弧を描くようにして向きを変えた。

「川を間違えたってことですか」

中田カメラマンに声をかけた。

水位はさらにあがっていた。船の上部を解体中。川筋を間違えたばかりに
やっと橋の下をくぐることができた。拍手をしたい気分だった

「そういうことですよね」

「あの老練そうな漁師って、無口で、このへんのことはなんでも知っているって顔をしてるけど、案外、マヌケなのかも」

「元々、海の漁師でしょ。川は得意じゃないんだろうか？」

「陸にあがったカッパじゃなくて、川に入ったカッパ？」

「……」

しかしそれは幸運なことでもあった。いま戻ろうとしている川がセンブロン川ということになる。金子光晴が、

——森かげの川のながれは、みどりを冠って、まだ熟れぬピーサン・イジョウ（青いばなな）のごとく若い。

と書いたセンブロン川だった。彼はこの川を遡って三五公司ゴム栽培第一園の日本人クラブを訪ねていた。シンパンキリ川をのぼり、スリメダンで日本人が経営する採鉱場のクラブに泊まったのは別の日のことだった。船頭らが川を間違えたことで、ふたつの川を遡ることになる。

船は下りはじめたが、その先にはあの低い橋が待っていた。小一時間ほどが経っていた。そして前にも増して水位はあがっていた。

ライトの柱を支えていた枠組みを解体した。それでも橋桁にひっかかり、さらにエンジンを覆っている屋根をはずす。老船頭と男は黙々とその作業を続けた。低くしないと橋の下をくぐることができない。壊した部分はまた組み立てればいいのだが、その作業を呆然《ぼうぜん》と見つめる僕は、笑いを嚙み殺してもいた。慣れない川筋を遡上させてしまったことを多少は申し訳なくも思ったが、川を間違えたのは彼らだった。漁師だったら、潮の満ち引きの時刻はわかっているはずだ。川が違っていても、どの道、ここを下るわけだから、そのとき、船が橋にかかることはわかるはずだった。

このふたり組は、とんでもなく間抜けなマレーシア人なのかもしれなかった。半分ほどの高さになってしまった船は、なんとか橋桁の下をくぐった。三十分ほど下ると分岐点に戻った。そこで船首の向きを大きく変え、シンパンキリ川を遡りはじめた。

人の気配のない川だった。センブロン川では、思い出したように現われた穀物の貯蔵庫も目にしなくなった。ときおり、油ヤシのプランテーションが見え、水辺には水牛がいるから、人の手は入っている。しかし、風景はただ茫漠《ぼうばく》としているのだ。灰色のサギのような鳥の姿が、そのなかに溶け込んでいく。昼近くになり、広い空を積乱雲が我が物顔で広がっていく。

この先に町がある?

とてもそうは思えなかった。船は森のなかへ、なかへと分け入っていくようで、永遠に戻れないような気になっていく。川を遡る船にはそんな怖さがあった。大きな港をめざし海原を進む船とは違う。開けた河口の港に向かって川を下る船に漂う明るい空気もない。金子光晴も、この川を遡っていった。

——過ぎ去ってしまったような、離れて私だけきてしまったような、区切りのついた、そして、もう誰からも届かなくなった私なのである。届かないものを信用できなくなった私を淋しまずにはいられないではないか。

区切りとは、妻をパリ行きの船に乗せたことをいっているのだろうか。

金子光晴はこのとき、旅をしていた。東京を出発し、長崎から上海、シンガポールと彼は妻とともに移ってきたのだが、それは彼にとって旅ではなかった気がする。いや、それも旅なのだが、常に妻といるという日常が寄り添っていた。そして、軽い財布を膨らますことだけを考えていたようなところがある。しかし、マレー半島は違った。妻を送り出し、ひとりになった旅である。

金子のなかに同居する解放感と心の空白……。金子のなかには、妻を追ってパリに行かなくてもいいのではないかという思いもあった気がする。ほかの男に走った妻を、パリという蠱惑《こわく》で無理やり上海に連れだした。金策に奔走し、妻をシンガポールの港からパリ行きの船に乗せたとき、その約束を果たしたという安堵《あんど》もあったのではないか。それはパリに憧れる妻への愛だったのかもしれないが、同時に妻への怖れでもあった。金子は小心者である。金子を捨て、別の男に走った妻と交わしたパリという約束を果たさなかったら、本当に自分は捨てられるのかもしれない……。その思いのなかで右往左往していた。

妻を船に乗せた金子は、アジアの片隅でぐずぐずとしていた。妻を追ってパリに向かおうか……。それともアジアに留《とど》まるか。その答を出せないまま、マレー半島を歩くのだ。

金子はこの後も、何回となく旅に出ているのだろうが、彼にとって、これが最初で最後の旅だった気がしてしかたない。僕にとって、二十七歳のときの旅がそうだったように。

しかし金子は女女しい男である。彼はマレー半島の旅の後、なんとか船賃を捻出してパリに向かう。自分を捨てた妻だが、彼には妻しかいなかった。男というものはそんなものなのかもしれない。

『マレー蘭印紀行』を愛した作家に、すでにこの世を去った立松和平《たてまつわへい》がいる。朴訥《ぼくとつ》な口調でテレビでも話題になった。彼にはこんな過去がある。日雇い仕事をしながら小説を書き続けていた頃、妻が妊娠した。彼は出産を前に、「青春と決別してくる」ためにインドに行きたいと告げる。

——絶対に反対すると思っていたのだが、そんなにいきたいのならいってらっしゃいと、妻は軽くいってくれたのだ。私は空を飛ぶほどに嬉しかった。

立松は『一人旅は人生みたいだ』(アーツアンドクラフツ刊)という作品のなかで書いている。家の家計は、働く妻に支えられていた。出産、育児となれば、自分がきちんと働くしかない。だから「青春と決別してくる」という言葉になるのだが、彼には金がなく、妻が働いて貯めた出産費用をもらってインドに向かうのだ。そして出産後に帰国する。

女性の側から見れば、とんでもない男に映るのかもしれないが、彼の心境が僕には酵素が嚙み合うように伝わってくる。そして、だから『マレー蘭印紀行』に魅了される理由もしっくりとくるのだ。同じ穴のムジナということなのかもしれないが、男というものは、そんな面を抱えもっている。母性への怖さというステレオタイプの言葉で片づけたくはないが、少なくとも皆、女が怖いのだ。愛した女だからビビるのである。

立松はその女から解放されてインドに向かった。金子は女をパリに送り出してマレー半島を歩きはじめた。


船はとことことシンパンキリ川を遡上していた。広々とした風景が広がっていた。遠くに霞《かす》んでいた山が、少しずつ、少しずつ近づいてくるのがわかる。周囲に人家も倉庫もなく、人が入り込むことを拒む熱帯雨林が迫ってくるような怖さがある。

ひとつの街は突然に現われた。食糧倉庫のような建物が見え、橋の下をくぐると公園と学校らしきビルが見渡せた。商店の看板の文字を辿るとパリスロンと読め、街の名前がわかった。金子が乗った船はここで小休止をとっている。彼はインド人が経営するコーヒー店で休んでいる。白いトルコ帽の若い男が、古い新聞の切り抜きを出し、その英文の意味を教えてくれるというシーンである。

当時、このパリスロンは、街道と川が交差する街で、それなりに賑《にぎ》わっていたようだった。しかしいまは水運も途絶えて久しく、船着き場は見あたらなかった。

船は速度をゆるめることもなく、この街を通りすぎた。再び人家が消え、茫漠とした平地に沿って進んでいく。

それははじめ耳鳴りかと思った。シャーともジーともいえないその音は、波のうねりのように耳の底から聞こえてくる。耳の向きを変えてみると、その音は川岸から流れだしているようにも思えた。

「水生ヤシの葉が風に揺れ、擦れる音だろうか」

しかしうねるような音は、なにか川岸に潜む小動物が発しているようにも思える。

「聞こえるよね、この音」

中田カメラマンに声をかけた。

「はじめはバッタが羽をこする音かと思ったんですけどね。違うんですよ、鳥。あの木、見てください。枝にぎっしりと鳥が留まっているでしょ」

ムクドリほどの大きさの鳥だった。ムクドリはたしかに喧《やかま》しいが、あんな声は発しない。いったいなんという鳥だろうか。

僕らは徐々に熱帯雨林の森に近づいているようだった。出口のない深い森は、動物や植物の聖域である。一度、インドネシアのスラウェシ島の熱帯雨林に分け入ったことがあった。地元の案内人がついてくれた。木々の上から響く鳥の声に何回も頭上を見あげた。一時間ほど歩き、倒木の上に腰をおろし、水を飲んでひと息ついた。その間は二、三分のことだったように思う。足くびのあたりがむず痒《がゆ》く、慌て

ただ川沿いの風景だけを眺める船旅が、旅を心に刻みつけていく

やっと、そうやっとスリメダン。金子光晴が訪ねた面影はどこにもなかった

て立ちあがると、ズボンの裾や靴下の上を、数えきれないほどの蟻《あり》が這っていた。その夜、宿に戻ると、足首に虫に刺された跡が十カ所以上あり、血がにじんでいた。

人間など、とても入り込めない森だと思った。その森が迫っているようだった。

その世界に分け入っていく船に乗っていると、堕《お》ちていくような感覚に包まれる。もう二度と、人の住む世界に戻れないような気になり、座る甲板で、体を支えるために置く手の指先に、つい力が入ってしまうのだ。『マレー蘭印紀行』に流れる文脈は、堕ちていく自分を、ぎりぎりのところで踏み留まる感覚でもある。

しかし人間の欲は、森より深いらしい。金子が訪ねた当時、この先のスリメダンから採出される鉄鉱石は日本に送られていた。その量は『マレー蘭印紀行』によると、中国の大冶《だいや》鉱山に次ぐほどだったらしい。

急に川の蛇行がはじまった。目の前に山がある。大きくカーブする川筋を曲がりきると、木のない赤茶けた山が見えてきた。いまでも採掘が続いているというスリメダンの鉱山のようだった。

しかしその量は少ないようだった。川筋がさらに山に近づき、山肌を眺めたが、ショベルカーが一台、崖を崩しているだけだった。

船はさらに大きく曲がった。すると急にスピードを落とした。船頭は前方を見つめている。間抜けな男かもしれないが、目はいいらしい。

しばらく進むと、シンパンキリ川をせき止めるように水面から一メートルほどの高さに道がつくられていた。川に杭を打ち、その上に鉄板を渡した道だった。採掘現場を行き来するトラック用らしい。もう先へは、船で進むことはできなかった。

あたりに人の気配はなかった。当時のスリメダンを、金子はこう書いている。

——バトパハの街でさえ、まだ、電燈がなく、洋燈《ランプ》ともしたり、アセチリンを燃したりしているのに、スリメダンの山奥には、山腹のどこの宿舎にも電線がひっぱられて、夕暗のなかに一せいに電燈の花がさいた。

当時の面影はなにもなかった。森のなかに小さな作業小屋が見える程度だった。

バトゥパハに戻り、バスでクアラルンプールに出た。エアアジアで日本に帰る。バトゥパハを出たバスは、油ヤシのプランテーションを切り裂くようにつくられた高速道路を北上していく。

そういえば、金子はその旅でクアラルンプールも訪ねていた。彼はどんなルートで、クアラルンプールまで行ったのだろうか。『マレー蘭印紀行』には、そのルートは記されていない。

僕らを乗せてくれた老人の作業小屋。彼らは皆、こういう水上小屋をひとつ持っているようだった

小屋の前に船が。その日は漁が休みなのか、周囲にも何艘もの船が泊まっていた

バトゥパハに戻ってきた。ほっとする感覚を『マレー蘭印紀行』と共有する

旧日本人クラブ。こう見ると立派だが、老朽化は進んでいる

バナナは無造作に売られている。
きっと昔から

ミーゴレン（焼きそば）とアイスティー。マレーシアの定番料理

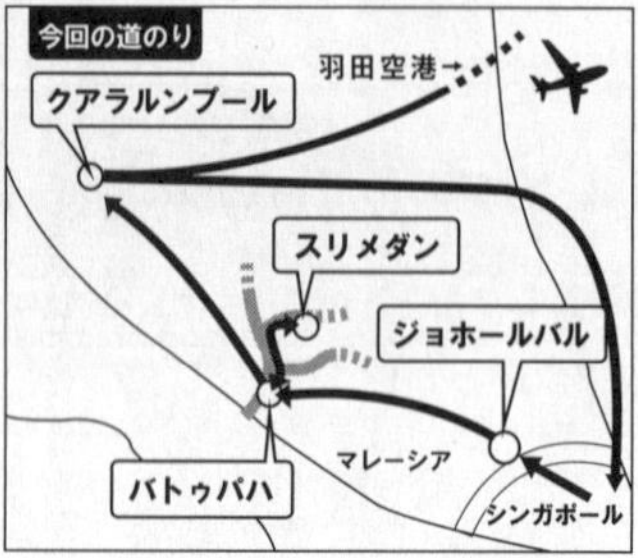

シンガポール航空の１便と日本航空、全日空はともに夜行便。金曜日の夜に出発し、土曜日の朝に着く週末旅向けフライトになる。帰国便も夜行便なので、日曜日の夜にシンガポールを出発し、月曜日の朝に羽田空港に到着するスケジュールを組むことができる。

【バトゥパハからのバス】

マレー半島内はバス便が便利だ。便数も多く、それに安い。当日でも簡単に乗ることができるので、あえて予約する必要はない。便数は多くないが、クアラルンプール行き、シンガポール行き（ジョホールバル経由）のバスもある。バスの運行スケジュールは、バトゥパハに到着したら、バスターミナルで確認してから、バトゥパハを歩くことをおすすめする。

【費用】 ※飛行機代は諸税と燃油サーチャージ代込み

飛行機代（羽田―クアラルンプール）………… ４万9856円（往復／エアアジア）
飛行機代（クアラルンプール→シンガポール）…約1200円（片道／エアアジア）
地下鉄代（シンガポール・チャンギ空港→リトル・インディア）……約190円
バス代（シンガポール→ジョホールバル）………………………………約150円
バス代（ジョホールバル→バトゥパハ）…………………………………約270円
バス代（バトゥパハ→クアラルンプール）………………………………約400円

１リンギット＝約24.5円（2011年11月。取材当時）

１シンガポールドル＝約62.5円（2011年11月。取材当時）

旅のDATA　シンガポール〜マレーシア

マレーシアのクアラルンプールに飛び、飛行機でシンガポール、バスでジョホールバル、バトゥパハ、クアラルンプールと移動した。羽田—クアラルンプールを結ぶエアアジアが安かったからだ。しかし、運賃によってはシンガポールを基点にする方法もある。

【首都圏—クアラルンプール】

羽田空港からエアアジア、成田空港からマレーシア航空、日本航空が就航している。第三章の章末コラムを参照してほしい。

【クアラルンプール—シンガポール】

飛行機、列車、バス便がある。かつてはバスが最も安く、次いで列車、そして飛行機と高くなっていった。しかしＬＣＣの登場で、この構図が崩れてしまった。予約時期、シーズン、混み具合などによって変動はあるが、ＬＣＣがかなり安い。本文でも紹介しているように、エアアジアの運賃が約350円、税金や燃油サーチャージを加算していっても約1200円ほどで片道航空券が手に入ってしまう時代になった。

クアラルンプール—シンガポール間は便数も多い。僕らが乗ったエアアジアのほか、シンガポールを拠点にするＬＣＣ、タイガーエアウェイズも就航し、運賃を競っている。

【首都圏—シンガポール】

成田空港から、日本航空、全日空、シンガポール航空、ユナイテッド航空、デルタ航空などが就航している。どの航空会社も毎日、就航。週末旅のスケジュールを考えてみる。

午前便に乗った場合、シンガポールに着くのは夕方。そのまま１泊するか、その日の夜のバスでジョホールバルに向かうことになる。ユナイテッド航空とデルタ航空は夕方に成田空港を発つ。シンガポール到着は深夜になるため、１泊が必要になる。シンガポール航空の最終便は、21時前に成田空港を発ち、翌日の３時頃にシンガポール空港に着く。

羽田空港からシンガポール行きの便も就航している。シンガポール航空が１日２便、日本航空と全日空が毎日１便ずつ就航させている。

第五章　中国

そこから先は
果てしない異国といわれる街で、
寒さに震えながら星を眺める
星星峡《シンシンシャ》

以前から気になる地名があった。

星星峡である。

中国語でシンシンシャという。その音の響きもいいが、そこに添えられていた説明も記憶に残っていた。

――中国西北地区西部に位置する街。極めて荒涼とした光景がひろがり、そこから先は果てしない異国といわれている。北緯41度49分、東経95度17分。

たしか幻冬舎という出版社が発行する雑誌のタイトルが『星星峡』だった。そこにあった解説だった気がする。

地図を眺めると、中国の甘粛省と新疆《しんきょう》ウイグル自治区の境である。「そこから先は果てしない異国」という表現は、漢民族の多い中国側から眺めた発想である。いまの中国は、果てしない異国を強い権力で押さえつけている感がある。しかし歴史を遡れば、乾燥地帯が広がるこの一帯にはいくつかの王国が割拠していた。言葉の通じない怖ろしいエリアという印象が、漢民族にもあったのだろう。

その境界が星星峡である。もう少し緊張感のある地名をつけてもいい気がするのだが。しんしんと冷える夜、警備にあたる兵士が空を見あげていたのだろうか。異国に商いに出かける男が、夜空を眺めたのだろうか。

地名というものは、旅の目的地を決める動機になると思っている。こういう感覚は、目的地を決めず、さて、次はどの国に行こうか……といった長い旅を経験すると身についてしまう。知人は、タイのバンコクに沈没していたが、これではいけない……と地図を眺めた。東北タイにウドンターニーという街があった。

「ウドン……か」

連想したのは、日本のうどんだった。そして翌日、ウドンターニー行きのバス切符を買ったのだと、ぽつり、ぽつりと話してくれた。もちろん、タイのウドンターニーに、日本のうどんがあるとは思っていない。日本料理屋があれば天ぷらうどんが……いや、そういうことではなかった。旅が長くなると、街の風景すら色褪せてくることがある。そんなとき、うどんへの連想は、立派すぎるほどの動機に育っていくのだ。

アフリカのスーダンを歩いていたときの僕もそうだった。砂漠のなかの、食べ物といったら豆とパンしかないような街ばかり歩いていた。そんな日々のなかで、ポートスーダンという地名に憧れすら抱いた。具体的なイメージはなにひとつないというのに、ポートとついたその街に向かったのも、同じような感覚なのかもしれなかった。しかし乗ったバスは砂嵐に遭い、砂漠のまんなかでバッテリーがあがり……と、ボロボロになりながらポートスーダンに着いた。貧しい国の、こういう憧れは、だいたい裏切られるものである。ポートスーダンは、どこにでもあるスーダンの街だった。メッカへの巡礼月とも重なっていて、市内のホテルはどこも満杯で、ホテルの門の前に麻で編んだベッドを置いてもらい、警備員の横で眠らせてもらうありさまだった。

旅はプランをたてるときがいちばん楽しいという人がいる。僕もその感覚はわかる。しかし、長い旅を続けていると、旅の欲求のレベルがどんどん下がっていってしまう。「ソウルで参鶏湯《サムゲタン》が食べたい」、「台北《タイペイ》で足裏マッサージ」などと週末旅のプランを練る人には想像もつかないほど、密やかで控えめな、旅の目的で十分になってくる。

そんな週末旅がしてみたかった。

星星峡はそんな地名だった。

なにがあるのか、まったくわからなかったし、調べようともしなかった。

しかし星星峡はかなり遠かった。中国沿海地方や韓国、台湾、ベトナムというわけにはいかない。内陸だから、どこかの都市で乗り換えなくてはならない。そもそも、星星峡などという空港もなければ、列車も通ってはいなかった。

地図を眺めると、仏教遺跡で知られる敦煌《とんこう》が近そうだった。敦煌空港までの飛行機は、外国人観光客を意識しているのか、往復で十万円以上した。

「でも、ウルムチ往復なら、最近、安くなってますよ」

中国に詳しい旅行会社から、そんな話が聞こえてきた。やはり安いにこしたことはない。その旅行会社とは長いつきあいで、気心も知れている。

「北京乗り換えの中国国際航空が、六万三千三百六十円。昔に比べれば安くなりましたよね。ウルムチといえば、往復で十万円から十三万円はしましたから」

僕もそんな感触をもっていた。ここ五年ぐらいで、半値近くになったわけだ。

だが戸惑ってしまった。ウルムチは星星峡のはるか西なのだ。星星峡の説明にある、果てしない異国にいったん入り、そこから東に向かうことになる。やはり敦煌から西に向かい、「ここから先が異国だったのか……」という感慨に浸りたい気がする。しかし、そのためにはプラス四万円——。

六万三千三百六十円に負けてしまった。

しかし安い航空券だけのことはあった。金曜日の朝に成田空港を出発し、昼頃には北京空港に着いたのだが、そこで六時間も待たなければいけなかった。その上、北京からウルムチに向かう飛行機が一時間遅れ、到着したのは午前零時近かった。

冬のウルムチは寒いと聞いていた。これまで二回、僕はこの街に滞在していたが、どちらも暑い時期だった。夏のウルムチの気温はときに四十度を超えた。乾燥地帯だから、寒暖計の数字から想像するほど辛くはないが、やはりその熱気にはまいった。体の水分もどんどん蒸発してしまうらしく、一日四リットルの水分をとらないと危ないと聞かされた。

しかしウルムチに向けて下降する飛行機のなかで流れた放送に、またうつむくしかなかった。

「マイナス十七度。雪」

厳しい気候である。夏と冬の温度差が六十度以上ある。好きこのんで、この街に暮らす人なんていない……と誰もが思うかもしれない。しかし石油産業に支えられて、ウルムチの都市圏人口は百八十万人を超えている。中国のなかでもとりわけ急成長している街で、漢民族の流入が絶えないのだという。彼らは金のためなら、この寒さも、夏の暑さも耐えられるらしい。

しかし寒かった。空港ターミナルを出たとたん、これはやばいと思った。息が白いどころではなく、顔の肌が一気に硬直していくのがわかる。じっとしていることなど、できそうもなかった。

タクシーでウルムチ駅に出た。翌朝、列車で哈密《ハミ》まで向かい、そこからバスか車をチャーターして星星峡をめざすつもりだった。できれば、今晩のうちに切符を買っておきたかった。しかし駅舎は、吹きつける雪のなかで、入口を閉ざし、電気も消えていた。

中国の駅前広場は、日本のそれに比べると、とんでもなく広い。ウルムチ駅前も、サッカーのフィールドがひとつとれるほどの広さがあった。降りしきる雪が街灯に映しだされ、バスやタクシー乗り場も雪に覆われていた。

ネオンを頼りに一軒の宿に入った。フロントの後ろで、おじさんが厚いふとんにくるまって寝入っていた。フロントには暖房も効いていない。しかし外国人は泊めることはできない、と断られてしまった。広い駅前を横切って、反対側の宿に向かった。広場の中央あたりに、もこもこに着込んだおばさんが立ち、声をかけてきた。ホテルの客引きだった。ひとりをホテルまで連れていって、どれほどのマージンをもらえるかはわからないが、この寒さのなかで立ち続けられることに、口をあんぐりと開けるしかない。いや、そんなことをしたら冷気が口中に入ってくる。おばさんの話を聞く余裕もなく、足を進める。二、三センチ積もった雪の下はガチガチに凍っている。足早に歩くこともできないのだが。

反対側のホテルに入ったときは、手や足の先がすでに痛くなりはじめていた。欧亜飯店というホテルだった。外国人でも大丈夫だという。中国語ができる中田カメラマンがつい訊《き》いてしまう。

「部屋は暖かいですか」

フロントの背後のボードには、翌日の気温予測が掲示されていた。

最高気温　マイナス十度

最低気温　マイナス十九度

やはりウルムチは寒い街だった。

部屋に入り、その暖房に体が溶けていくような気になる。しかし中田カメラマンは、ダウンジャケットを着たまま、なにか悩んでいる風でもある。

「いや、ビールを買いに行こうかと思って。でも寒いし……」

宿泊を拒否された宿に、そう、ビールが置いてあった。しかしそこに行くには、マイナス二十度近い寒気に晒《さら》される駅前広場を横切らなくてはならない。足場は凍っているから、そこをビールを抱えて歩くのは大変である。朝、成田空港を出発してからウルムチまで、長い一日だった。いま一時半。部屋のなかは乾燥しているのか、喉は乾いている。ビールを一本ぐらい飲んで寝たいところだが、外はマイナス二十度近いのだ。

「やっぱり行ってきます」

寒さに強いのか。根っからの酒好きなのか。でかけていった中田カメラマンを待ちながら、窓越しに外を眺める。駅の脇にホテルは建っていた。ホームに降る雪を街灯が映しだす。あのなかを、中田カメラマンはビールを求めて歩いている。やはり根っからのビール好きなのだろう。人間というものは、すごい生き物だと、改めて考えてしまうのだった。

ユニクロのヒートテックを着、厚手のシャツにセーター、インナーをつけたコートにマフラー、手袋……。完全防備でホテルを出た。

午前七時。あたりはまだ暗い。中国は広いが、なかば強引に時差というものをなくしている。国全体が北京時間になっている。北京から西へ、西へと飛行機に四時間ほど乗ったウルムチも、北京時間なのである。二〜三時間の時差があってもおかしくない土地である。

実際、ここに昔から住むウイグル人の時計は、二時間遅いウイグル時刻に合わせられている。ややこしいことだが、彼らにとっては、そのほうが合理的なのだ。しかし列車や飛行機などは北京時間。今日、列車に乗る僕らは、一応、時計を北京時間に合わせていた。

哈密までの切符を持っていたわけではなかった。高い手数料を払えば、日本でも中国の列車を手配することができるらしい。しかし昔から、中国の列車切符は、現地で買っていた。

しかし今回は週末旅である。金曜日に日本を出発し、月曜日には帰る予定だ。ここで列車の切符が手に入らないと、ほかの方法を探らなくてはならなくなる。

哈密までは六時間ほどである。硬座《インツオ》という二等座席でもいいと思っていた。

中国の列車は、硬座のほかに、二等寝台の硬臥《インウオ》、一等座席の軟座《ルアンツオ》、一等寝台の軟《ルアン》臥《ウオ》という四つのランクがあった。しかし最近、軟座と軟臥はすっかり減ってしまった。中国の国内線の飛行機の便数は倍々ゲームのように増えていた。軟臥になると、その運賃は飛行機と大差はない。ウルムチはまだ走っていないが、新幹線もその路線を急速に延ばしていた。新幹線と飛行機の発達で、一等というクラスが姿を消しつつあった。

切符売り場に入ると、窓口がひとつだけ開いていた。当日券だけを売る窓口で、朝の七時から八時半まで開くという表示が出ていた。列車は北京時間で運行しているが、地元の人々は二時間遅れで生活している人が多い。彼らの感覚では、朝七時は早朝の五時ということになる。

当日売りの長い列についた。先頭を見るとそこに回転バーがあった。これを見て、涙が出るほどに反応してしまうのは、中国での切符獲得戦争に、何回となく苦杯をなめた経験のもち主である。僕もそのひとりなのだが、とにかく中国の人々は列をつくることが苦手だ。我先にと窓口に殺到する。それを防ぐのが、この回転バーだった。窓口の前には、ひとりしか立つことができないようになっているのだ。最近の駅の切符売り場では、ときどき見かけるようになった。彼らはいくら注意しても聞く耳をもっていないから、やはり回転バーになってしまうようだった。

かつての中国は本当にひどかった。切符の買い方の基本スタイルは、人をかき分け、少しでもすき間があれば半身でも体を入れ、窓口にじりじりと近づいていくところからはじまる。窓口に手が届くところまで来たら、手に紙幣を握りしめ、何本もの手が入った窓口にねじ込む。窓は二十センチ四方ぐらいしかないから、入る手は四、五個だろうか。すでに手を突っ込んでいる人が怒ったり、「痛い」などとオーバーアクションをするが、それを完全に無視して、しつこく、手に力を込め、押し続けるのだ。するとある瞬間、手がすぽっと入り、手先が自由になる。まさに解放されるのである。そのとき、手を開き、とにかく大声で行き先を叫び続ける。するとと、ある瞬間、紙幣の感覚が消え、代わりに切符とお釣りが手のひらに置かれるのだ。ここで焦ってはいけない。無理やり手を抜こうとすると、切符やお釣りが落ちてしまう。再びしっかりと握りしめ、腕に力を込め、引っこ抜くわけだ。ときに、手から血が出ることもある。

僕は中国語を話すことができないから、行き先を叫ぶことは難しい。行く先を書いた紙と紙幣を握りしめて窓口に突っ込む作戦をとっていた。

しかし中国のあの膨大な人口を考えれば、それもしかたのないことだった。中国人は列をつくることができず、声が大きい。世界のあちこちで、中国人観光客と接した人々が溜息《ためいき》まじりに呟《つぶや》く。しかし中国では、そうでもしなければ、ほしい物は手に入らず、切符も買うことができなかったのだ。それが彼らの行動に染みついてしまっている。

列車の発券窓口の上に不思議な案内。「巧燕」ってどういう意味だろう

発券窓口前に、横入り防止回転バー。中国全土に普及させてほしい

マイナス20度のなか、中田カメラマンが買ってきたビール。すごく冷えていた

列は少しずつ進んでいった。やはり中国は、豊かになってきているのだろう。横入りもなければ、先頭の肉弾戦もなかった。

僕らの番がきた。切符を買うのは、中国語ができる中田カメラマンの担当である。僕はその横で、時刻表とメモを追いながら、席がとれなかった場合の代案を伝える役目になる。こういうとき、回転バーはかえってじゃまになる。僕はバーの脇から、伝えなくてはならないのだ。

哈密行きの切符は、意外なほどあっさりと買うことができた。午前十時十二分発の列車だった。硬座でひとり、七十九元。約九百三十円である。

当日の切符を買うために並んでいる人には申し訳ないが、翌日、哈密からウルムチに戻る切符も買おうとした。こういう図々《ずうずう》しさは、中国の旅を何回も経験していると、すっかり身についてしまう。中国人は列をつくることができないなどと非難できる資格もない性格に変わっていってしまうのだ。

窓口の女性は、嘲りとも、失笑ともとれるような顔でこういった。

「明日、帰るの?」

中国人の切符の買い方では、ありえないことのようだった。しかしこちらは週末旅なのだ。明日、ウルムチに戻らなければ、日本に帰る飛行機に間に合わなかった。

だが、この窓口で帰りの切符を買うことはできなかった。当日券の窓口だからまあ、当然といえば当然である。普通、もう少しは融通が効くのも中国社会なのだが……と思っていると、なぜか隣の窓口に、当日券を販売する窓口の女性が現われた。こちらに来い、と目くばせを送ってくる。窓口に行くと、翌日、哈密からウルムチに戻る切符を売ってくれるという。

「当日券を買うために並んでいる人はいいんだろうか」

隣の列を見る。窓口の職員が僕らの切符を売ろうとしているわけだから、列が進むわけがない。こういうありがたい職員の対応を断るほど僕は潔癖な人間ではないので、無人の窓口の前で待つ中国人を尻目に、翌日の昼に哈密を出発する切符を買った。運よく硬臥の切符を買うことができた。座席指定がとれなかった人も乗り込んでくる硬座車両は、いつも混みあっている。それに比べると、ベッドを確保した人しか乗ることができない硬臥は楽だった。疲れていれば、体を横にして寝ることもできた。

これで日曜日にウルムチに戻ることができる。月曜日の朝の飛行機に間に合う。

切符売り場を出ると、外はまだ暗かった。もちろんマイナス二十度近い。午前八時半近かった。硬く、小さな雪を降らせる雲が空を覆っているのだろうが、太陽そのものがまだでていない。

駅舎脇の食堂に入った。入口に綿入りのふとん状のものが下げられていた。客はそれを押しのけるようにして店に入る。店内の暖気を外に逃さないようにしているのだが、店内にストーブやヒーターは見あたらない。隅にヒーターがあるのかもしれないが、基本的には粥《かゆ》や包子《パオツ》を蒸す熱が頼りのような気がする。おそらく室温は氷点下。客は皆、防寒具を着たまま粥を啜っていた。

「この列車、暖房、効いてますよね」

「新空調車って書いてあるじゃないですか。だから……」

切符を見ながら口を開く。新空調車に期待するしかなかった。

二年ほど前、北京から各駅停車に乗った。時期は一月で、北京の気温はマイナス十度ぐらいに下がっていたと思う。ところが乗った列車の車両には暖房が入っていなかった。窓は二重になっていたが、二枚のガラスの間には雪が入り込んでいた。車内を暖めるのは、人の体温だけだったのだ。そんな辛い列車旅の記憶が蘇《よみがえ》ってくる。

マイナス二十度、ときに三十度にもなるというウルムチである。そこで暖房のない列車を走らせるだろうか。いや、中国という国はわからないのだ。六時間乗って千円もしない硬座である。

列車は北京行きだった。そして暖房が効いていた。待合室に暖房はなかったから、その暖かさに涙が出そうだった。

定刻に発車した列車は、雪が舞う、冬ざれた風景のなかを南東に向かう。トンネルをいくつも越えた。標高も下がっていくのがわかる。木のない丘や平地に雪が積もり、三十分列車が進んでも、人ひとり目にしない。これが冬の砂漠というものらしい。

二時間ほどでトルファンに着いた。地面は雪に覆われていたが、薄日が射《さ》しはじめてきた。列車はやや東向きに進路を変える。鄯善《シャンシャン》の街が近づくと雪も消え、青空が広がりはじめた。暖かい日が車内に射し込み、セーターを脱ぎたくなるほどだった。やはりウルムチという街が特別に寒いらしい。あの街だけが氷室のなかにあるような気にさえなってくる。

しかし雪が消えた乾燥地帯は、また寂しかった。樹木と呼べるようなものは一本もなく、ところどころに砂をかぶった、高さ十センチほどの草の塊が点在するだけなのだ。あとは剝《む》きだしの土と砂である。人が住んでいるような気配はどこにもなく、果てしない異国という言葉が、リアリティをもって迫ってくる。そのなかを列車は、粘り強く、東へ、東へと進んでいった。

車内は暖かかったが、やはり硬座だった。通路を挟んで、四人がけと六人がけのボックス席に、ぎっしりと人が詰め込まれる。リクライニングもない。身動きがとれない姿勢で座っていることができるのは、せいぜい二時間までだった。僕は六人がけの窓側席だった。尾てい骨あたりに鈍い痛みを感じはじめ、下半身を左右にずらそうと思っても、隣の男性の尻にあたって、一センチも動かない。足を伸ばそうとしても、十二本の足が交錯するから、足を出すスペースがなかなかみつからないのだ。

しだいに諦めの境地に達し、そこからはただ耐えるしかなかった。壁に頭を預け、寝入ってしまうしかなかった。しかしワゴン車を押してやってくる車内販売や人のざわめきが耳に届き、隣に座る人も動くから、熟睡できるわけでもない。薄目を開いて、砂漠にできた風紋を眺め、またうとうとする。再び目覚め、水が干あがった川に目をやりながら、また浅い眠りがはじまる……そんな時間が流れていく。荒涼とした砂漠の風景に、はじめこそ、さまざまな思いが往き来するのだが、一時間走っても、二時間走っても、ただの砂漠なのである。人家どころか、樹木すらない風

漢民族の世界に向かうウイグル人たち。つい彼らの境遇を察してしまう

ウルムチを発車した列車は、雪に覆われた砂漠のなかを南下していく

この娘はどこまで行くのだろう。新疆ウイグル自治区を出るだけで半日はかかる列車の旅だ

景は、記憶に留まるフックがない。

哈密に着いたのは午後の四時過ぎだった。ホームに降り、南下したことを実感した。気温五度――そんなところかもしれない。コートを脱ぐほどではないが、背筋が伸びる気がする。昼の日射しが、気温をあげたのかもしれなかった。

駅前で星星峡までの足を探した。距離にして二百キロほどあるらしい。皆、タクシーが確実だという。バスターミナルへ行けば、星星峡を通るバスがあるだろうが、午前中に集中し、この時間は難しいという。日が落ちる前には着きたかった。逆算すると、すぐにでも出発しなくてはいけない。

駅前のバス案内所にいた公安職員が、知りあいのタクシードライバーを携帯電話で呼んだ。親切なのか、ドライバーから紹介料を受けとる腹なのか。公安の表情からは読みとれなかった。

「五百」

運転手はそういった。空車で帰らなくてはならないから高いのかもしれないと思い、往復でも聞いてみた。

「千」

ドライバーは強気だった。一元もまけようとしない。五百元といえば、六千円近

向かいの席のウイグル人青年３人組。無邪気さを失ってほしくないのだが

隣の席の漢民族たち。ウイグルの土地でどんな仕事をしているのだろう

くになる。高い……。足許を見られている。ここから値切るしかないのだが、最近のタクシードライバーは、好景気の風を受けて、昔のような値引きにはなかなか応じない。交渉にあまり時間もかけられなかった。しつこく値切り続け、なんとか四百五十元まで下がった。これが限界だった。

翌朝はバスがありそうな気がした。星星峡発哈密といったバスはなさそうだが、柳園から哈密やトルファン、ウルムチに向かうバスが、朝、星星峡を通りそうな予感があった。

タクシーは、哈密市内に続くポプラ並木の道を、東に向けて走りはじめた。

ささくれだった土地が広がっていた。水の流れた跡が乾き、切りとられた土がぼろぼろと崩れ落ちている。その間に、まるで枯れているような草が寒風に揺れている。強い生命力というには、その姿は無残だった。

哈密を出たタクシーは、ほどなく高速道路に入った。その周囲には荒れた風景が延々と続いた。砂があれば、そのなめらかさに、少しは救われたかもしれない。しかし、あるのは、風雨で崩れた岩ばかりだった。

高速道路に沿って、フェンスが途切れなかった。動物が侵入できないようにして

哈密に着いた。その温かさにほっとした。しかしこの駅は曲ものだった

星星峡に行くには、公安での登録が必要だった。オフィスの撮影は禁止

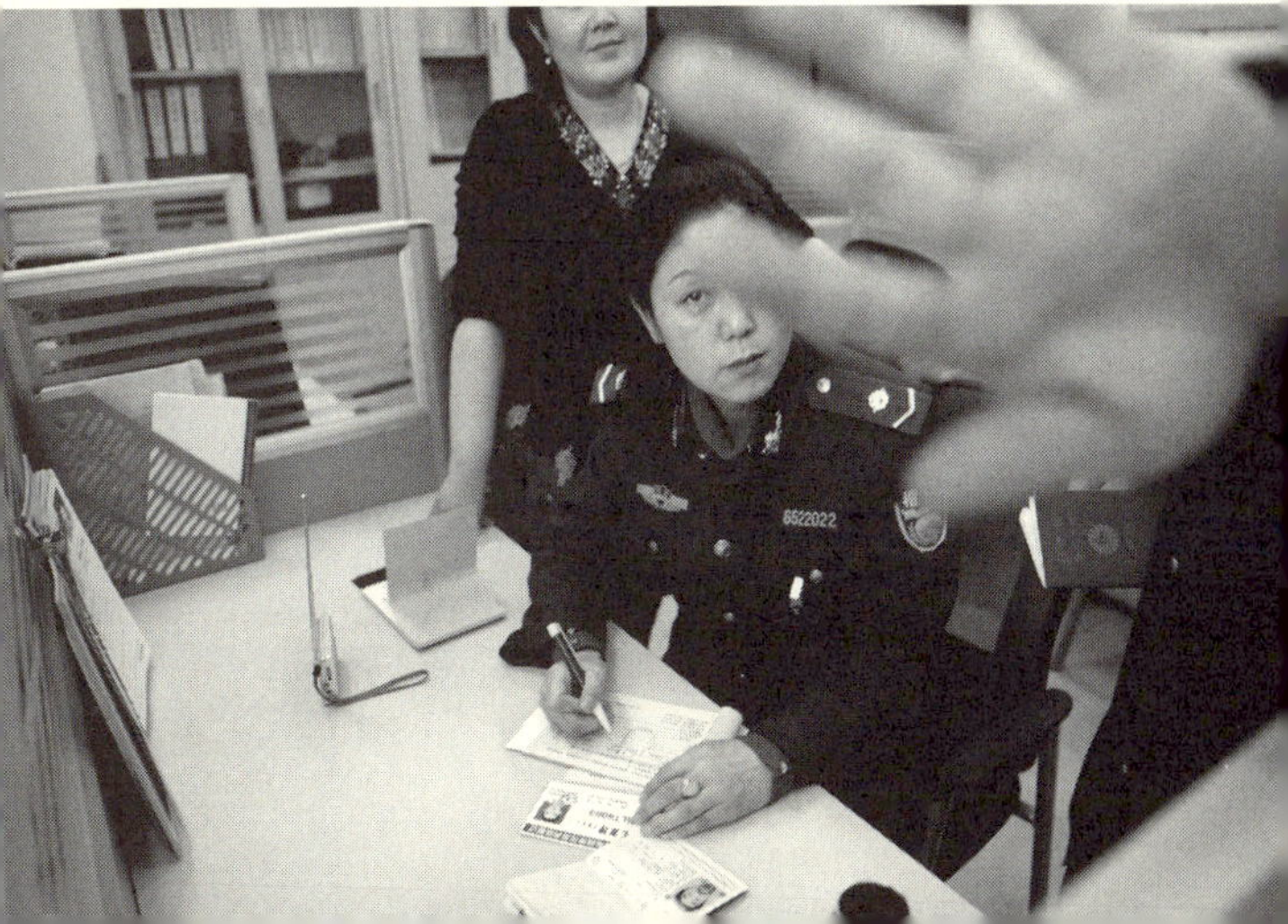

いるのかもしれないが、なにか核廃棄物でも埋めているような気になった。そんな眺めだった。

高速道路は、そのなかを東へ、東へと延びていた。タクシーは時速百キロを超えるスピードを出していたが、次々に対向車線に現われる大型トラックも、かなりのスピードを出していた。タイヤに違和感があったようで、途中、タクシーは道端に停車した。ドライバーがチェックする間、僕らも車を降りたが、トラックが通りすぎるたびに、風圧でコートが揺れた。この先は果てしない異国といわれた土地につくられた道は、いまや中国の物流路になっていた。

日は沈みかけていた。しだいに荒れた土地の明度が下がっていく。まだ西の空に、うっすらと明るさが残っている頃、道は急に登り坂になった。周囲を岩山が囲む一帯に入っていく。どうも、このあたりが、星星峡といわれる一帯のような気がした。しばらく進むと、前方に高速道路の料金所が見えてきた。タクシーはその手前で静かに停《と》まった。

「シンシンシャ」

ドライバーが呟くようにいった。星星峡だった。しかし周囲に家らしきものはなにもない。

哈密市内を抜けると、表示がでてきた。高速道路が通っているらしい

星星峡への道は大型トラックやバスが行き交う現代中国の道だった

「ここから向こうは甘粛省。宿や食堂は向こう側にある。でも、この料金所を通過するのに十元かかる。それを追加してくれたら、向こうまでいくけど」

セコいドライバーだった。

僕らは星星峡に泊まるつもりだから、先に行ってもらうしかない。『星星峡収費站』と書かれ、その横にウイグル語が続く料金所を抜け、甘粛省側に入った。

「これが星星峡？」

それは街と呼べる規模ではなかった。道の両側に、車の修理屋、食堂らしき店、雑貨屋が並んでいるだけだった。ここに宿などあるのだろうか。ドライバーに訊くと、右手にある三階建てのビルを指さした。宿には愛想のいいおばあさんがいた。泊まることはできるが、食事がない、といわれた。道の反対側の少し立派な建物に入った。暖房がしっかり効いていて期待をしたのだが、荷物をチェックする役所だった。裏に宿が一軒あるといわれ、そこに行くと、入口に『招待所《チャオタイスオ》』と書いてある。

中国の宿は、飯店《ファンテン》とか酒店《チュディエン》といったホテルレベルの宿があり、その下に中国人向けの旅社《リューシャ》があった。そのさらに下のレベルが『招待所』だった。訪ねる人も少ない辺境に行くと、招待所しかないことが多い。ただ、招待所は外国人も泊まることができる場合が多かった。ほかに選択肢がないのだからしかたないのだ。

表にある雑貨屋のおばさんが管理していた。殺風景な部屋だった。シャワーもなければ、トイレもない。トイレは向かいの建物の裏手にあるのだという。そこに行ってきた中田カメラマンがこういった。

「そんへんでやったほうがいい気がしますよ。電灯がないから、場所を定めるのも難しいし、それに野犬がいて……」

この宿の入口でも、かなり犬に吠《ほ》えられた。一匹が鳴くと、そこかしこから遠吠えが響く。周囲にはかなりの犬がいるようだった。

しかし宿のおばさんは親切だった。食堂のこと、暖房のこと……といろいろ訊くと親身になって答えてくれる。入った食堂の感じもよかった。清真《チンヂエン》と看板に書かれたイスラム系の店だった。食材が乏しく、つくれるものも限られていたが、若い夫婦の誠意が伝わってくる。

「皆、漢民族じゃないよな」

「この店の人はウイグル人でしょ。顔つきがまったく違うし、奥さんはスカーフをかぶっているし」

「宿のおばさんは……回族《ホウエイ》？」

「たぶん。見た目は漢民族だけど、対応が違うよな」

これがいまの星星峡。高速道路の料金所なのです。そういうもんでしょうなぁ

星星峡收

回族というのはイスラム系の少数民族だった。漢民族と同じような顔をしているが、一線を画していた。新疆ウイグル自治区と漢民族エリアに挟まれる一帯に暮らしている人が多い。僕らはそういうエリアに入り込んでいるようだった。ウルムチや哈密といった都市では、漢民族が幅をきかせているが、星星峡のような、街ともいえない世界に入ると、突然、少数民族に包まれることになる。暮らしは貧しく、食事も質素だが、人を押しのけるような漢民族の傲慢さが消える。地元の人に頼るしかない旅行者は、少数民族の人のよさに救われていくのだ。

しかし寒かった。ウイグル人の食堂にはストーブがあったが、燃料が足りないのか、ほんのりと暖かい程度で、僕らはコートを脱げなかった。つくってくれたのは、腰の強いウイグル麺の上に、肉野菜炒《いた》めを載せたものだった。しかし麺の量がやたら多い。茹《ゆ》でられた麺は、はじめこそ温かかったが、しだいに湯気も消え、食べているうちにしだいに冷えてくる。最後には冷麺なのである。

「温麺と冷麺が一度に味わえる」

などと店では冗談をいっていたのだが、氷室のような招待所の部屋に戻ると、この気温のなかで眠ることができるのだろうか……と心細くなってくる。

部屋には一応、集中暖房のヒーターがあった。触るとかすかに暖かいのだが、部屋を暖めるほどの熱量はとてもない。おばさんに頼むと、ボイラーにどんどん石炭をくべるから、といってくれた。少し暖かくなった気がしたが、やがて戻っていくヒーターに貧しさが宿っていた。燃料が足りないのだ。粗末なベッドの上に、湿ったかけぶとんが一枚あるだけである。

「セーターやコートを着たままじゃないと、眠れないかもしれない」

「ありったけの下着を着たほうがいいかも」

薄暗い裸電球の下で会話も寂しかった。

果して夜中、寒さで目が覚めてしまった。思いつくかぎりの衣類を着、靴下を重ね、コートを着たままふとんをかぶったが、やはり寒かった。おしっこもしたかった。しかし中田カメラマンのトイレ話が脳裡《のうり》をよぎる。

招待所を出、あき地の隅で立ち小便をした。ぶるっと震え、肩をすくめたとき、空が視界に入った。

満天の星だった。

寒さを忘れ、しばらく見とれてしまった。気温はマイナス十度を下まわっているだろう。吐く息はしっかりと白い。しかしそのなかで眺める星空はみごとだった。

かつてここで警備にあたっていた兵士も、寒さに耐えきれず、夜中に、こうして立ち小便をしたのかもしれなかった。そのとき、今晩と同じような星空を眺めたのだろうか……。

だから星星峡？

そんなことないか……と、考えながら、遠い昔を想像してみる。

しかしそんな時間も長くは続かなかった。やはり寒いのだ。あの氷室のような部屋に戻っても……とは思うのだが、ふとんのなかは、ここよりはまだましだった。そこしか行き場所はなかった。

翌朝、ドライバーが招待所の前で待っていた。昨夜、交渉があった。哈密に戻る足の問題だった。僕らにしたら、哈密に戻るバスにうまく乗ることができるだろうか、という不安を抱えていた。運転手も稼ぎたいだろう。しかし哈密までのタクシー代は、来るときと同じ四百五十元を譲らなかった。

「これから帰れば、哈密でひと稼ぎできる」

といい返してくる。交渉が続いた。結局、四百元で手を打った。これでも彼はずいぶん得をしたと思うのだが、今朝、車の助手席には若い女性を乗せていた。訊くと敦煌に観光に出かけていた哈密在住の女子大生だった。家に用ができ、急きょ、帰るために星星峡まできたのだといった。

僕らに断りもなく、ドライバーは女子大生を乗せることを決め、僕らの運賃をまけようともしなかった。文句をいったが、返事もしなかった。おそらく女子大生から三百元ぐらいはとっている気がする。最後までセコい漢民族のドライバーだった。

昼前に哈密に戻った。少し早かったが、駅の待合室に入ることにした。中国では駅の入口で、すべての荷物をX線機械に通さなくてはならない。そこでふたりの荷物がひっかかった。パソコンである。すぐに駅構内の公安オフィスに連れていかれた。荷物をチェックするという。女性の職員がザックに入っていた本やノートのチェックをはじめた。心地よくはないが、彼女らは日本語を読むことができないし、ノートの文字は、ときどき僕自身読めないほどだから、たいした問題ではなかった。しかし男性職員たちが、パソコンをいじりはじめたときはムッときた。勝手に電源を入れ、保存してあるファイルのチェックをする。なんの断りもない。しかしここで怒っては逆効果になることを知っていた。相手は中国の公安なのだ。中田カメラマンも、はじめこそ、

「暇なんでしょう」

と余裕を見せていたが、バッグに入っていたスティックメモリまで、パソコンに差し込んだときには表情が変わった。撮った写真を消されたりしたら大変なことになる。もちろん、彼のカメラに保存されていた写真もチェックされている。

日本語の文書は読めないだろう。メールの内容もチェックできないはずだった。僕も中田カメラマンもウェブメールを使っていて、公安オフィスにはネットの環境がなかった。仮につながったとしても、僕はグーグルのGメールだった。グーグルと中国政府との対立は続いていて、中国国内でのGメールのつながり具合は、かなり不安定だった。

しかしパソコンの中身を他人に見られるというのは不愉快なものだ。ほかの国で、断りもなしにこんなことをしたら大問題になる。しかしここは中国だった。公安の前では、なす術《すべ》もないのだ。

だが、パソコンの中身の、いったいなにを見ようとしているのだろうか。

思い当たることがあった。前日、タクシーをチャーターし、星星峡に向かおうとしたとき、公安が乗り込んできた。新疆ウイグル自治区から甘粛省に行く場合、僕らとドライバーは公安のオフィスに届け出を出さないといけないというのだった。いわれなき金を要求されそうで嫌な気がしたが、従うしかなかった。

市内の公安の本署に向かった。二階の部屋に入れられ、僕らはパスポート、ドライバーは身分証明書を出すようにいわれた。台帳に記録するだけで手続きは簡単だったが、公安は、新疆ウイグル自治区から外に出ることに神経を使っていた。

チベットとウイグルの問題は、中国が抱える火種だった。チベットでは、中国政府に抗議し、焼身自殺をするチベット僧のニュースがしばしば流れた。ウルムチでは、しばらく前、ウイグル人と漢民族の大規模な衝突があった。広州《こうしゅう》で死亡したウイグル人をめぐっての暴動が、ウルムチに飛び火したのだ。ふた桁の死者の数が報じられていたが、実際には、その十倍近いウイグル人が殺されたと、ウルムチのウイグル人社会では囁《ささや》かれていた。

漢民族中心の中国各地から、陸路で新疆ウイグル自治区に入るにはいくつかのルートがある。しかし甘粛省から入域することが最も多く、最初にある大きな街が哈密だった。ここでのチェックを強化している可能性は高かった。

哈密はハミ瓜という大型メロンの名にもなっているオアシス都市である。どこか平和なイメージがあるが、現実はかなりキナ臭い街なのかもしれなかった。

なにか勝ち誇ったかのように、男性職員が中田カメラマンのパソコンのなかから、ひとつのファイルをみつけた。それを公安側のパソコンに移すことができず、中田カメラマンが手伝うことになった。日本語でさまざまな指示が出るパソコンだから、彼らには無理があった。

「台湾に行ったときの航空券の控え。英文だからわかったんじゃないの？」

「台湾に行った日本人だから、危険分子ってわけ？」

「それって、三十年も前の話じゃない。一時間近くも、人のパソコンをいじくりまわして、なにもみつからないっていうのは、彼らにとっても問題なんじゃない？」

「で、台湾行きのチケット？」

「……」

僕らはその後、待合室に戻っていいといわれた。協力への礼はなにもなかった。彼らは表情ひとつ変えなかった。

ウルムチから哈密に来たときの列車を思いだしていた。僕の席は六人ボックスの窓側だった。向かいに、まだ十代後半のようなウイグル人青年が三人、座っていた。仲のよさそうな三人だった。冗談をいいあっては、笑い転げるような仲間だった。北京時間より二時間遅れのウイグル時間で昼になったとき、彼らは持っていたカップ麺に湯を注ぎ、三人そろって昼食をとりはじめた。清真と書かれたイスラム教徒用のカップ麺だった。そのスープに、大型のウイグルパンを浸し、麺といっしょに食べていた。

柳園まで行くといっていた。どんな用事があるのかもわからない。新疆ウイグル自治区の、穏やかな人間関係のなかで育った彼らが、漢民族の世界に入っていく。生きていくためにはしかたのないことかもしれないが、彼らは、あのドライバーのような漢民族とわたりあって生きていかなくてはならない。いじめられることがわかっている世界が待っているのだ。

果てしない異国といわれたエリアから、星星峡を越え、東の厳しい社会に向かっていかなくてはならない。それが少数民族となってしまった人々の生き方だとしたら、少し切ない。

その日の夜、再びマイナス二十度近い、氷室のようなウルムチに戻った。その寒さのなかで、路上に店を出すウイグル人にケバブを焼いてもらった。それが夕食だった。

翌朝、吹雪のなかを空港に向かった。

ウルムチの空港ターミナルを出たとたん、マイナス17度の世界に放り込まれた

ウルムチ駅前に宿が数軒。しかし外国人の僕らはここに泊まることができなかった

やっとホテルをみつけた。暖房に涙が出そうになった

星星峡の招待所の部屋は氷室並み。写真で寒さを伝えられないことが悔しい

むき出しコンセントにプラグが簡単に入ってしまう星星峡の不思議

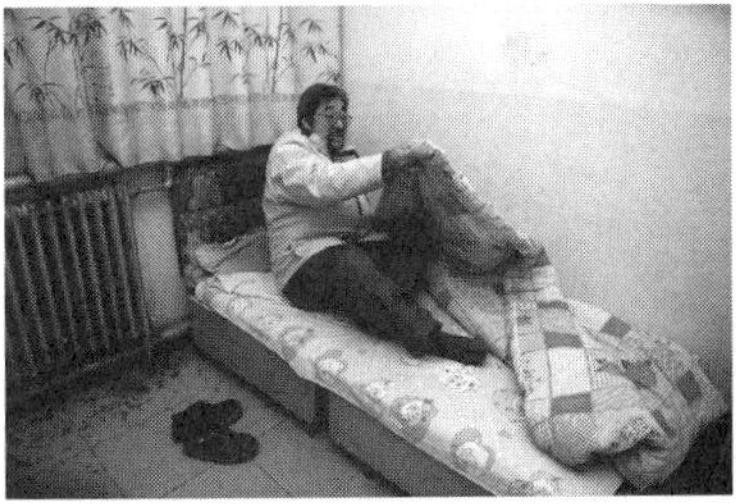

コートを着たまま湿った布団にもぐり込む。旅を憂いたくもなる

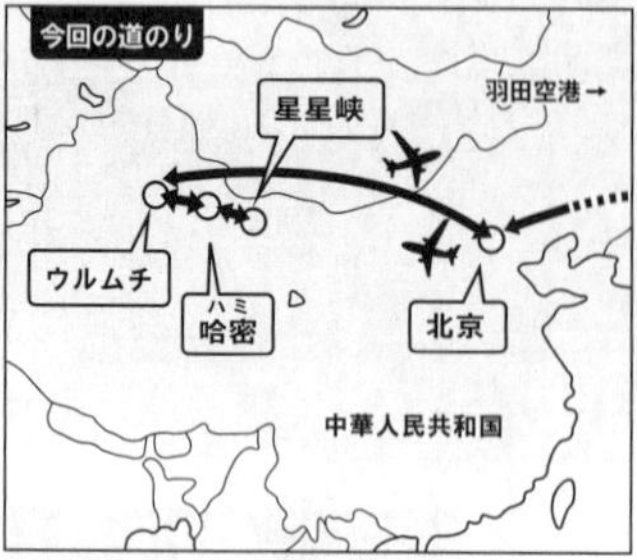

えるだろうか。中国語になってしまうが、駅名から検索できる。完全というわけではないが、ある程度の様子はつかむことができる。

サイト情報で概略をつかみ、実際は、駅の窓口で確認しつつ、切符を買っていくことになる。

中国の一般列車は、寝台（軟臥、硬臥）と座席（軟座、硬座）に分かれている。「軟」が1等、「硬」が2等と理解すればいい。しかし中国の列車は、飛行機や動車組という新幹線に押され、「軟」はほとんどない。硬座、硬臥の選択になる。

ウルムチ駅出発の列車は、中国のなかでも混み合っている。硬臥をまず希望し、なければ硬座でも、という気持ちで挑まないと、週末旅はうまくいかない。

【費用】 ※飛行機代は諸税と燃油サーチャージ代込み

飛行機代（羽田―ウルムチ）…………6万3360円（往復／中国国際航空）
列車代（ウルムチ→哈密）……………………………………………約930円
車チャーター代（哈密→星星峡）……………………………………約5850円
車チャーター代（星星峡→哈密）……………………………………約5200円
列車代（哈密→ウルムチ）……………………………………………約1800円

1中国元＝約13円（2012年2月。取材当時）

旅の DATA　中国（星星峡）

飛行機の値段と日程から日本とウルムチを往復し、後は列車というコースになった。敦煌空港を利用する方法もあるが、飛行機の便数が少ないことがネックになってくる。

【首都圏―ウルムチ】

僕らは『旅人舎』という旅行会社を通して、北京経由の中国国際航空を手配してもらった。往復で6万円台の運賃だった。これはオフシーズンの冬だったから、という要素も加わっているが。夏場になると、そうはいかない可能性もある。

当時は茨城空港と上海空港を結ぶ中国のＬＣＣである春秋航空の便数が少なく、週末旅のスケジュールが組めなかった。しかしその後、便数が増え、2012年6月現在で、週6便体制になっている。出発便は月曜、火曜、木曜、金曜、土曜、日曜で、帰国便も同じ曜日だ。

上海からウルムチまでの春秋航空は、1日2便。茨城空港発が13時台で、上海到着が16時台。上海からウルムチへの便は、7時台と13時台だから、行きも帰りも上海1泊という日程になる。ただし、春秋航空のウルムチ線はそれほど安くない。上海―ウルムチ間は、片道で2万円を超える。茨城―上海は片道1万円前後なら、比較的、手に入りやすいが、これに燃油サーチャージなどがかかってくる。

春秋航空は、早めに予約すれば、片道5000円に近い航空券が手に入る。これに燃油サーチャージが加わると1万円を超える。

春秋航空は、中国内に多くの路線をもっている。しかしいまのところ、敦煌への路線はない。ウルムチ経由ということになるだろうか。

【ウルムチ―哈密】

ウルムチから哈密までの列車の時刻表や日本語のサイトがないわけではないが、精度に欠け、すべての列車を網羅しているわけではない。中国は鉄道大国である。時刻表といっても、膨大なものになってしまう。

中国語のサイトに頼ることになる。『中国鉄路旅客列車時刻表』（http://www.abkk.com/cn/train/index.asp）というサイトが使

第六章　沖縄

本土のルールを無視した
アナーキーな島で浮遊感を味わう

多良間島

島への憧れがある。

それは、ゆったりとした島暮らしへの思いではない。島の魚や野菜が食卓にのぼる毎日をすごしたいということでもない。

島がもつ、どこか国家を超えたようなアナーキーなものへの憧れに近い。いや、それほど大仰なことでもないのだが。

もう二十年以上前、マレーシアのティオマン島を訪ねたことがあった。シンガポールから小さなプロペラ機が就航していた。間延びしたような入国審査が終わり、島のホテルに向かった。そのとき、すれ違う車のなかに、ナンバープレートがついていないものがあった。

「島じゃ、問題ないんだよ」

ドライバーは、こともなげにそういった。

「そうだよな……」

この島のコミュニティは小さい。おそらく皆が顔を知っているのだろう。だから車のナンバーなどなくても問題はない。そういうことなのだが、それが許されてしまう島の暮らしに憧れてしまうのだ。

毎日、さまざまなルールに縛られて生活している。「ここに自転車を停《と》めてはいけません」、「電車のなかで携帯電話を使うのはやめましょう」、「煙草《タバコ》は喫煙スペースで喫《す》ってください」、「路上にゴミを捨てるのはやめましょう」……。僕はそのなかで、羊のような従順さを装って生活している。

しかし居心地は悪い。反骨精神などという立派なものではない。単なるひねくれ者なのだ。昔は素直な少年だった気がするが、高校、大学と進んでいくうちに、性格が歪《ゆが》んでしまった。僕が大学に入った頃は、全共闘運動が終わりかけようとしている時期だった。それでも学費値上げ闘争があり、成田空港反対闘争もあった。社会主義に傾倒するほどでもなかった気もするが、黒いヘルメットをかぶってデモの隊列のなかにいたこともある。深夜、バリケードをつくり続けていたこともあった。

だが、職業としての革命家を選んだわけでもなく、新聞社に入社し、やがて原稿を書いて暮らす日々を送るようになった。

しかし、一度、日本という資本主義国家に反逆する輪のなかにいたという過去は、自分のなかで、そう簡単に消えるものではない。

挫折というほど大げさなものではないが、内心、忸怩《じくじ》たる思いは、いつも抱えもっている。ひねくれて生きるしか術《すべ》がないようなところがある。

島への憧れ——。それは、僕のようなひねくれ者が、素直になれる場所への憧憬ということなのだろうか。島の人々が、意図して、ルールを破っているわけではない。島の流儀にあてはめているだけだ。そんなシーンに出合うと、わけもなく気分が楽になる。

以前、沖縄の宮古《みやこ》島でこんなことがあった。隣の伊良部《いらぶ》島へ、フェリーで渡ろうとした。切符売り場には、車一台いくらといった運賃が掲げられていた。その金額を財布から出して払おうとしたとき、窓口の女性職員は、その半額以下の運賃を口にした。

「ん？　上の運賃表に書いてある額と違うんですけど」

「あ、あれですか。あれは国が認可した運賃です」

なんと答えたらいいのかわからなかった。国が認めた運賃を、島の人々は平気で破っていた。ということは、壁に掲げた運賃表は、国の職員がチェックにきたときのためなのだろうか。

夜の十一時をすぎても、酒や煙草を買うことができる自動販売機に出合ったのも沖縄だった。自動販売機の照明は消え、さも、買うことができない風に装っているのだが、金を入れると、ちゃんと商品が出てくるのだ。どういう操作をしているのかは知らないが、沖縄の人々は、平気で国のルールを破っていた。

こういう沖縄という島の流儀に出合うと、急に心が軽くなるのだ。非合法といえば非合法である。しかし島の人々に罪悪感などなにもない。彼らは善良な島民なのだ。

島に行こう。

沖縄の島……。少しはルールに縛られた毎日から解放されたい。できれば、人の少ない離れ小島がいい。

しかし沖縄の島となると、それなりの日程が必要になる。宮古島や石垣島なら、簡単に行くことができるが、そこには本土のルールがはびこりはじめているような気がする。もう一歩先に行きたい。費用の問題もある。本土から沖縄の離島に行くには、飛行機代や船賃がかさむ。波照間《はてるま》島、黒《くろ》島、多良間《たらま》島、与那国《よなぐに》島……。地図を眺めながら、いくつかの島を追ってみる。

昨今飛行機をめぐるひとつの動きがあった。ＬＣＣと呼ばれる格安航空会社が、日本の国内にも飛びはじめることになった。全日空は、関西国際空港を拠点にしたピーチをつくり、運航をはじめた。全日空はさらに、エアアジアと手を組みエアアジア・ジャパンを設立。日本航空はジェットスターをパートナーに、ジェットスター・ジャパンをつくった。ともに成田空港を拠点に国内線に就航することを発表した。

この動きに刺激された航空会社が、スカイマークだった。もともとLCCスタイルの運航を続けていた。店舗をもたず、機内での飲み物は有料だった。エアアジア・ジャパンやジェットスター・ジャパンが就航する前に一気に路線を増やしてきたのだ。

成田空港を利用した国内線も就航させた。そのなかに、那覇路線もあった。片道千円を割り込むようなキャンペーン価格が目を引いたが、僕が運賃を見ていた今年(二〇一二年)のはじめ、早めに買えば五千円台、二週間ほど前でも一万八百円という片道運賃で航空券が手に入った。もっとも、全日空や日本航空も、かなり前に予約すれば、一万円台前半の運賃になったが。

しかし沖縄の人々が目の色を変えたのは、那覇と宮古島の間にスカイマークが就航し、搭乗日が近づいても片道二千八百円という運賃の航空券を売りだしたことだった。

　昔から、宮古島を訪ねることは多かった。年に二、三回というペースだったろうか。しかし、那覇からの飛行機は、片道一万円以上した。往復で二万円を超える運賃は応えた。

　しかし島の人々はもっと大変だった。船の運航がなくなってからは、飛行機は生活の足でもあった。たとえば、サッカー部の高校生が、試合のために那覇に行くときも、飛行機なのである。沖縄の離島に住む人々は、離島割引を使えるが、二割安くなるだけだった。それがスカイマークだと半値どころではなく、七割引きになり、それも乗りたい日が近づいても手に入るのだ。

　島の人々の人間関係は濃い。日本航空系のＪＴＡに知りあいがいるとか、友だちが旅行会社に勤めているといった理由で、航空会社を選んでいた。しかし、これだけ安いと、獲物をみつけたトラのように、あたりを見まわしてしまうのである。

　それは僕も同様だった。成田空港を出発し、那覇空港で乗り換えて宮古島まで、片道一万三千円ほどですんでしまうのだ。

　宮古島の先に多良間島があった。一日一便のフェリーが就航していた。片道二千四百十円だった。

多良間島に行くことにした。

週末旅の日程を組んでいった。土曜日に成田空港を出発し、宮古島に一泊すれば、日曜日に……と、宮古島から多良間島に渡るフェリーのスケジュールを調べていった。

「運休?」

毎週、日曜日の運航はなかった。役所が日曜日に休むのはわかるが、一隻しかない船が、日曜日に休んでしまっていいのだろうか。休みを使って、宮古島に買い物に来る人もいるのではないか。飲食店も、客が少ない水曜日や木曜日を選んで休んでいるではないか。

島のゆるさに出合ったような気になったが、これがとば口にすぎないことを、やがて知ることになる。

日曜日が運休になると、飛行機しか手段がないことになる。しかし、フェリーにも乗りたい。そこで金曜日に出発し、土曜日にフェリーで多良間島に渡り、日曜日の飛行機で宮古島、そして那覇に戻ることにした。成田空港に戻る飛行機と時刻が合わず、東京に戻るのは月曜日の朝になった。

金曜日の昼前、成田空港に向かった。空港第二ビル駅で降り、改札を通ったところで、足が停まった。

「パスポート……」

成田空港には、改札を出たところで、身分証明のチェックがある。これまでは国際線ばかりだったから、持参したパスポートを提示すればよかった。しかし今回は沖縄だから、パスポートを家に置いてきてしまった。このチェックは、身分証明だけだから、写真つきの証明書を提示すればよかった。しかし僕は運転免許を持っていない。飛行機に乗る前に、空港に入ることができない……。

「あの……国内線なので、パスポートを持ってこなかったんですけど」

「クレジットカードとか、お持ちですか」

僕は財布からとり出したカードを渡した。

「お名前をいっていただけますか」

「シモカワユウジ」

「はい。ありがとうございました」

「……」

これで終わってしまった。こんなことでいいんだろうか、他人のクレジットカードを渡しても、その名前を告げれば通ることができてしまう。

かつて成田空港の開港をめぐり、農地の買収を拒む農家や学生たちを中心に、はげしい反対運動があった。開港直前、学生たちが管制塔に乱入するという事件も起きた。空港入口でのチェックは、そのときからはじまった。

あれから三十年以上の年月が流れた。昨年、空港に近い八街《やちまた》で暮らすタイ人を訪ねた。そこに居合わせた日本人は、こんなことをいった。

「はじめ、空港予定地はこのあたりだったんですよ。町が反対して成田になった。その後、成田はあれだけ賑《にぎ》やかになったっていうのに、八街は寂れる一方。あのとき、空港を受け入れておけばね……」

人々の意識もずいぶん変わってしまった。もう、空港入口で、身分証明のチェックなど必要ないのかもしれなかった。クレジットカードの名前を告げるだけでいいのだから。

フライトは順調だった。予定通りに宮古島に着いた。泊まった宿に置いてあった新聞には、フェリーの出航時刻が載っていた。

『フェリーたらまゆう　9：00平良《ひら》港出港』

フェリーは『たらまゆう』という名前らしい。予定通り、宮古島の平良港を出るようだった。

翌朝の八時半、港に着いた。フェリーは接岸していた。それほど大きな船ではない。切符を買おうと、脇の建物に向かった。するとオフィスのなかにいた男性が、両手を交差させ、×印をつくった。

「まだ、船に乗れないんだろうか……」

と首を傾《かし》げながらオフィスに入ると、ホワイトボードに欠航という文字が赤いマジックで書かれていた。

「波が四メートルを超えちゃったんで」

「嘘《うそ》でしょう」

日程がタイトな週末旅である。欠航は痛い。しかしそんな僕らの心境をよそに、オフィスにいるふたりの男性の表情は妙に明るかった。平静さを装っているが、嬉《うれ》しさを隠しきれないようにも映る。

ホワイトボードを睨《にら》んだ。翌日の欄には、やはり赤字で運休と書いてあった。日曜日だから、当然、運休なのだ。ということは、オフィスのスタッフや船員は連休ということになる。

「……そういうことか」

しかし僕らは、なんとかして多良間島に行かなくてはならない。飛行機しか選択肢はなかった。港までは、宮古島の知人が送ってくれた。その車で空港に急ぐことにした。飛行機は九時半の出発だった。

「フェリーが欠航になっても、間に合うように、飛行機のスケジュールを決めてるみたいですよ」

島の人たちがやることにしたら、妙に段どりがよかった。

「でも、飛行機に席があるかなぁ。フェリーの客が皆、飛行機に移るかもしれないし」

空港に連絡をとってみた。残り十一席だった。急げば、なんとか多良間島に行けそうだった。

空港の発券カウンターに並ぶ人はひとりもいなかった。

「フェリーが欠航してしまって」

「急に予約が入ったのは、そのためだったんですね」

「で、何人ぐらい増えたんです?」

「お客様ふたりを合わせて、四名様です」

「はッ?」

たった四人だった。今日、フェリーに乗ろうとしたのは、四人だけだったのだろうか。

しかし宮古島から多良間島に向かう飛行機は高かった。片道八千五百円もした。那覇から二千八百円で宮古島まで着くというのに、わずか十五分ほどのフライトで三倍近くもする。それだけスカイマークが安いということなのかもしれないのだが。

翌日の日曜日は、フェリーが運休だから、結局、僕らは飛行機で往復するスケジュールになってしまった。

追加料金は二千四百円だった。不思議な運賃だった。片道を買うと八千五百円なのだが、往復なら一万九百円ということになる。片道運賃は高い気がするが、往復の割引額は、耳を疑うほど多かった。これほどまでに割り引く往復運賃はあまり知らない。

運航は日本航空系の琉球エアコミューターだった。マイルが貯《た》まるかとも思ったが、宮古島と多良間島を結ぶ便は、その対象からはずされていた。この高い往復割引率がネックなのかと勘繰りたくなってしまう。

追加額、二千四百円という金額にも首を捻《ひね》った。フェリーの片道運賃は二千四百十円なのである。フェリーは十円高いだけなのだ。これは偶然なのだろうか。

空港まで送ってくれた宮古島の知人に、無事に飛行機の切符を買うことができたことを電話で伝えた。急きょ、四人の予約が入った話もした。すると知人はこういったのだった。

「乗客が少ないから、フェリーは欠航にしたさー。重油代も高いしね」

そんなことがあっていいのだろうか。公共の足とまではいわないが、フェリーは多良間島には欠かせないものだった。生活の足でもある。それが、「今日は乗客が少なくて、儲《もう》けがないからやめちゃおう」と勝手に欠航してしまうというのだ。これは、僕が気に入っている沖縄のルール違反とは違う。単なる勝手である。

しかしそこに、不満を抱かないカラクリがつくられている。船が運航していたら、二千四百十円のフェリー代を払わなくてはならない。しかし欠航になり、飛行機に代えたとしても、片道航空券を持っている人は二千四百円しかかからないのだ。腹は痛まないのだ。

これは天候に左右されやすいフェリーの不便さを補う方策ととることもできる。しかし、二千四百円ですむのは、往復航空券の割引が適用されての話だから、航空会社の巧みな運賃設定と考えることもできる。

しかしどちらにせよ、本土では守られている、なにかのルールを破らないといけない気がする。フェリーの運賃だろうか。飛行機の往復割引の設定だろうか。それがなければ、二千四百十円と二千四百円という金額を導くことができないような気がするのだ。

臭うのである。

その先に横たわっている島の流儀が見え隠れしてしまうのだ。

疑惑の飛行機は、ＤＨＣ８というプロペラ機だった。定員三十八名と機内に記されたその小さな機体は、宮古空港を離陸し、波の高さが四メートルを超えたという海の上を風に煽《あお》られて飛ぶ蝶《ちょう》のようにふらふらと飛行していった。

多良間島にはタクシーがなかった。多良間空港のターミナルを出た人々は、出迎えの車や自分の車に乗っていってしまった。僕らふたりだけがぽつんと残された。見るとサビが浮き出たマイクロバスが一台停まっていた。ボディには『多良間村 有償運送』と書かれていた。ナンバーは一般のものだったが、これがバスのようだった。

運賃は四百円だった。宿を決めていなかったから、行く先を伝えられない。一応、村役場まで行ってもらうことにした。この旅のスタイルが、その後、島で話題になるのだが、そのときはさして気にもしていなかった。

『毛刈屋』――。多良間村の役場近くで宿を探した。そこで目に入ったのがこの文字だった。店の上壁に書かれていた。その前で、立ちつくしてしまった。もちろん理髪店である。おそらく島で一軒のこの店は、あまりにも……と呟いてしまう店名を掲げていた。

沖縄では、店名を考えることが面倒だったのか、実に安易なネーミングの店をときどき見かける。来間島では、『とうふ屋』という豆腐屋があったし、那覇には『ゆびわ屋』という看板を掲げる貴金属店もあった。この店の近くには、『母子家庭』というネオンを掲げたスナックもあった。この『母子家庭』には、怖いもの見たさという好奇心も手伝って、二回ほど入ったことがある。店のママは五十歳代といったところで、本当に母子家庭だった。久米島の男性と結婚したが、やがて離婚。ひとりで子どもたちを育てたのだという。それはいいのだが、だからといって、店名を『母子家庭』にしなくてもいいではないかと思うのだ。なんとか家庭を維持している男性はいいが、別れ話に晒《さら》されている男や、月一回しか子どもに会えない男たちにしたら、シャレにもならないのだ。店で泡盛を飲みながら、ズンズン落ち込んでしまう気がする。

しかし『毛刈屋』は、そのどれとも違っていた。『散髪屋』とか『髪刈屋』なら、

多良間島へはプロペラ機。機内ではアメが配られた

フェリーは欠航。運行表を見る限り、週４便ペース。こんなことでいいのか

『とうふ屋』に近い感覚があるが、『毛刈屋』からは、どこか未開なものすら感じるのだった。

しばらく歩くと、あちこちに看板のように立てられた標語が目にとまった。島の小学生たちの作品だった。村役場脇の看板にはこう書かれていた。

〈なわとびしてたら　あせをかーて　ぴょんぴょんはねたよ〉

だからなんなの？といった内容だが、子どもらしさは伝わってくる。しかし、しばらく歩き、幅の広い舗装路脇の看板には、天を仰いだ。

〈遊ぶのは　楽しすぎて　たまらない〉

普通、こういう場所に立つ看板には、

〈スピードのだしすぎに注意しよう〉

といった文字が躍るはずだった。少なくとも本土ではそうなのだ。遊びが楽しすぎてたまらない、という内容には、地域の良識派からクレームが入るかもしれなかった。しかし島では、なんの問題もなく、穏やかな風が、標語の周囲を静かに吹いているだけなのだ。

宿はなかなかみつからなかった。『みどりや旅館』という看板をみつけたが、戸は閉まっていた。だいぶ前、この島を訪ねていた。そのとき、ここでそばを食べた。

あたり前のように手打ちそばが出てきた。なんでも自分でつくらなければいけなかった島の暮らしが伝わってきたものだが、宿や食堂を切り盛りするおばあは、当時すでに高齢だった。体調を崩したのかもしれない。

行き交う子どもや大人は皆、あいさつをする。そのひとりから『ちとせ旅館』を教えてもらった。しかし何本角を曲がってもみつからなかった。道端に停まっていた軽トラックの運転席にいたおじさんに訊いてみた。

「すぐそこさ。案内するからついてきて」

そういうとおじさんは軽トラックをスタートさせた。

「ん？」

車は時速十キロにも達しないようなスピードでのろのろと進む。その後ろをついてこいということだったのだ。軽トラックは十メートルほど進んで路地に入った。僕と中田カメラマンは、祭りの山車《だし》の後を追う見物客のように軽トラックの後ろを歩く。二十メートルほど進んだだろうか。軽トラックはゆっくり停まった。

「ん？」

訊くとここが『ちとせ旅館』だった。道に沿って庭があり、その横に長屋のようなプレハブ住宅が建っていた。外観はどう見ても一般の住宅である。入口には看板ひとつない。みつかるわけがなかった。島では表札や看板など出さなくても皆が知っているからいいのかもしれないが、旅館は島外からやってくる人が利用するはずだ。こんなことでいいのか、こちらのほうが不安になる。

軽トラックのおじさんもおじさんである。たかだか三十メートルほど進むのに車のエンジンをかけるだろうか。その角を曲がって二十メートルほど先といえばすむことである。宿に看板がないことを知っていて、その前まで案内してくれたのかもしれないが、本土だったら車を降りて連れていってくれる。たかだか三十メートルなのだ。車から降りるのが面倒だったのだろうか。それはとんでもなく怠惰なことにも映る。

話し声に気づいたのか、おばあさんが顔を出した。

「あの〜、ここ旅館ですよね」

「はい」

「今晩、泊まりたいんですけど」

「部屋はありますけど」

なんてつないだらいいのか困る返事だった。本土の旅館が、こういう受け答えをするだろうか。その日、『ちとせ旅館』には、僕ら以外の客はいなかった。

こうして多良間島の日々ははじまった。といっても、なにをしたわけでもなかった。多良間島には、訪ねるような観光地はほとんどない。部屋でごろんと横になり、安普請の窓越しに、小雨模様の空を眺めていた。

昼すぎ、食事をとりに出たのだが、これが大変なことだった。『みどりや旅館』でそばを食べることができないから、ほかの店を探さなければならなかったのだが、島の中心街をいくら歩いても、食堂らしき店はみつからなかった。中心街といっても、それほど店があるわけではない。村役場、スーパーが二軒、雑貨屋……。これで終わってしまう。

「食堂、一軒ぐらいあるでしょ」

路地を歩き、それらしい造りの家の前で立ちどまり、角を曲がり……といくら歩いても食堂はなかった。島の中心街のすべての道を歩いたような気になってくる。

宿を出たとき、傘をさすほどでもなかった雨が少し強くなってきた。中田カメラマンが傘を買おうとしたのだが、これがひと筋縄ではいかなかった。雑貨屋に入ったのだが、店に置いてあるのかもわからなかった。しかしおばさんはこういうのだった。

「一泊しかしないのに、傘を買うのはもったいないさー」

そういうと、家のなかから、立派な緑色の傘をもちだしてきた。明日、返してくれればいいという。もし店が閉まっていたら、『みどりや旅館』に預けておいてくれともいわれた。親戚筋にあたるようだった。

再び島の道を歩きはじめた。中学校まで行ってみた。しかし、その先は林になっていて、もう人家はなかった。さとうきび畑が広がっているだけだった。

「スーパーでパンでも買うしかないか」

道を戻っていくと、四、五台の車が停まっている家があった。平家の一軒家なのだが、やけに駐車スペースが広い。近づくと車の屋根越しに赤い提灯が見えた。『居酒屋凪《なぎ》』という文字がなんとも頼もしかった。これだけ車が停まっているということは、昼もやっているかもしれない。玄関に近づくと、営業中というパネルが、表札のように掲げてあった。

結局その日、この店に二回も入ってしまった。宿で夕食は出たのだが、音ひとつしない夜は長く、雲が動く夜空を見あげながら、この店に向かってしまった。昼も食べたから、顔も覚えられていた。

「なんにもない島でしょ」

ここが宿です。看板はないので、人に訊かないと辿り着けません

『ちとせ旅館』の部屋。シンプルです。簡素です

ご主人にいわれた。座敷から数人のおばさんグループの声が流れてきた。そのひとりに見覚えがあった。そうだ。スーパーでレジを打っていた人だ。そういえば、その隣にいる女性は……。この島に一週間もいれば、島の人、全員の顔を覚えられるような気がした。

しかし翌日は日曜日で、頼みの綱の『凪』も休んでしまった。多良間島と宮古島を結ぶフェリーといい、島で一軒の居酒屋といい、日曜日はそろって休んでしまう。

「今日はパンかな」

と島の道を歩いていると、弁当屋をみつけた。その道は何回も通っていたが、目に留まらなかった。昼になり、突然、店を開けたのかもしれない。店に入ると、陳列ケースに弁当が三個置いてあった。僕と中田カメラマン分で二個買った。一個四百円だった。気になったので、弁当を売っているおじいに訊いてみる。

「今日は弁当、何個つくったんですか」

「三個さー」

島の暮らしだった。

食事を求めて島のなかを歩きまわる……。僕らはそれ以外、なにをしただろうか。

多良間島には丸一日、滞在していたのだが、あまりに希薄な時間の流れのなかで、記憶もおぼろげである。ルールに縛られない島の暮らし——。なんだか、その先まで行ってしまったような気がする。宮古島ぐらいの規模の島のほうが、わかりやすいのかもしれない。

多良間島には、トゥブリと呼ばれる道が何本もある。集落から海に向かう小径《こみち》である。フクギの森を抜けるその道には、ヌヌドゥトゥブリ、マイドゥマリトゥブリなど、それぞれ名前がつけられている。いまも島の人たちは、その道を下って海に向かう。

僕らもその道を何回か歩いた。しばしばヤギに出会った。南国の木々が、見たこともない花をつけていた。

島の言葉には、僕らの想像力を超えている、「イ゜」とか、「ム゜」と表記される音がある。島の人に発音してもらった。たしかに、なんと表記したらいいのかわからない音だった。こんな島があることが、不思議にさえ思えてくる。僕らはルールに縛られた東京から、一日だけ、別世界にワープしたのかもしれなかった。

日曜日の午後の便で、宮古島、そして那覇まで戻った。多良間島の空港に向かう前、中田カメラマンが傘を返しに行ってきた。

「いや、途中で子どもたちに会ってね。昨日、土原ウガムっていう、八月踊りをする場所で遊んでいた子たち。彼らにいわれちゃいましたよ。宿を決めずにきたおじちゃん……って。僕ら、かなり話題になっていたのかもしれません」

「まるで浮浪者のように、島のなかをうろうろしてたしね」

言葉はわかりあえるというのに、なにか根本のところで違う空間を歩いていたような浮遊感が残っている。それは嫌な感覚ではない。

子どもたちの間で、僕らは話題になっていた。いや、島全体で話題に？

『八月踊り』の会場。普段は子どもの遊び場ですが

きっと夏のシーズンになっても、誰もいない？　島のビーチ

せっかくだからと浜で弁当を頬張る。甘い香りの潮風が、ちょっと強すぎたが

集落と海の間は、ヤギばかり。ときに鶏も現れる

島の中心。役場と公民館とスーパーがあるだけですが

子どもたちばかりが目につく島だった。皆から挨拶をされる。はじめは照れる

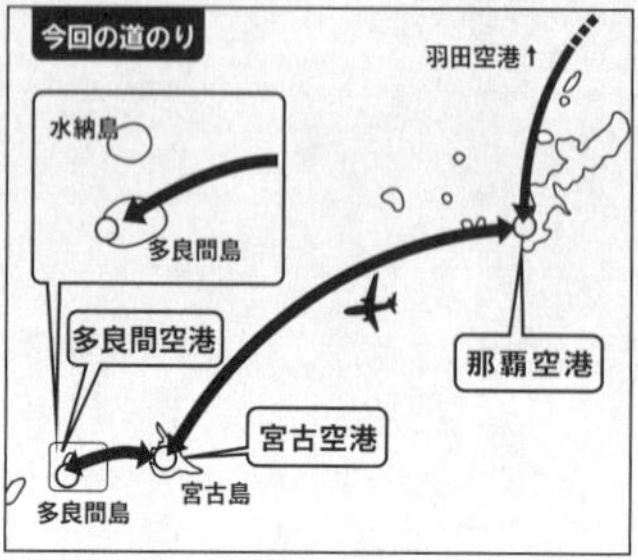

成田空港と那覇空港間には、1日6便のLCCが運航することになる。

運賃は予約時期や混雑具合によって変わってくるが、片道1万円を下まわる運賃を打ち出している。激しい運賃競争がはじまるだろう。

【那覇空港―宮古空港】

那覇空港―宮古空港間には、スカイマークが1日5便体制で就航している。運賃は安い時期で片道2800円になることは本文でも紹介している。

沖縄では那覇空港―石垣空港間の就航も噂されている。石垣島は新空港オープンのタイミングといわれていたが、前倒しでスカイマークが乗り入れる可能性もあるという。

成田空港を発着するスカイマークで那覇へ。そこからやはりスカイマークで宮古島へ。いま最も安く、宮古島に行く方法である。多良間島は、宮古島と石垣島の中間にある島。しかし宮古島からの足しかない。フェリーと琉球エアコミューターのプロペラ機が結んでいる。

【費用】 ※飛行機代は諸税と燃油サーチャージ代込み

飛行機代(成田―那覇)……1万800円(スカイマーク)
飛行機代(那覇―宮古)……2800円(スカイマーク)
飛行機代(宮古―多良間)……1万900円(往復/琉球エアコミューター)
飛行機代(宮古―那覇)……2800円(スカイマーク)
飛行機代(那覇―成田)……1万800円(スカイマーク)

費用はすべて2012年2月。取材当時

旅のDATA　沖縄（多良間島）

島を訪れたとき、首都圏と那覇を結ぶ日本のＬＣＣはスカイマークだけだった。そして空路を宮古島まで延ばしていた。それが多良間島に向かう、ひとつのきっかけでもあった。しかし、その後日本航空とジェットスターが手を組んだジェットスター・ジャパン、全日空とエアアジアが提携したエアアジア・ジャパンの就航がはじまった。

ジェットスター・ジャパンは2012年７月から、エアアジア・ジャパンは８月から運航を開始する。エアアジア・ジャパンは５円という席を用意して先行予約キャンペーンを行い、話題をつくった。

【成田空港―那覇空港】

日本版ＬＣＣは成田空港を拠点にしている。スカイマークは、首都圏では、羽田空港と成田空港から就航している。運賃的にみると、羽田空港便より成田空港便は安い設定になっている。首都圏では、成田空港が国内ＬＣＣの拠点になるわけだ。成田空港から那覇までの、2012年６月時点でのスケジュールは次のようになる。

＜スカイマーク＞

成田空港―那覇空港	那覇空港―成田空港
７時45分―10時50分	11時30分―14時05分
12時40分―15時45分	16時25分―19時
14時55分―18時	18時40分―21時15分

＜ジェットスター・ジャパン＞

成田空港―那覇空港	那覇空港―成田空港
６時―９時05分	９時35分―12時10分
14時―18時	18時30分―21時05分

＜エアアジア・ジャパン＞

成田空港―那覇空港	那覇空港―成田空港
15時50分―18時50分	19時20分―21時55分

第七章　ベトナム

国境を歩いて越えるという憧れの一時間

ドンダン——憑祥《ピンシャン》

「少し休もうか」

中田浩資カメラマンに声をかけた。しかし、あたりを見まわしても、日陰はどこにもみつからない。時刻は午後一時少し前。太陽はほぼ真上にあり、自分の影は、トイレまで間にあわなかった少年のおしっこのように、足許《あしもと》のコンクリートの上に小さく描かれているだけだ。道の両側にはこんもりとした山々が続いている。その斜面なら、木々が光を遮ってくれるのかもしれないが、そこまで登る気力がない。ザックをおろすと、背中にあたる部分が汗に濡《ぬ》れ、すっかり変色していた。ショルダーバッグに入れていた生ぬるい水を、ごくり、ごくりと飲み続ける。

もう半分はきただろうか……。

ベトナム北部のドンダン駅から歩きはじめた。十五分ほど車道脇を進んだところで、このルートを選んだことを後悔した。

暑いのだ。

四月のベトナム。近隣のタイやカンボジアでは、水かけ祭りが行われる時期だ。

ベトナム北部が最も暑くなるのはもう少し先かもしれないが、大地はすでに、暴力的な日射《ひざ》しに晒《さら》されている。なぜこんな時期を選んでしまったのだろう。

国境を歩いて越えたい――。そこで選んだルートだった。

国境が好きである。日本という島国に育ったせいかもしれない。陸続きの土地に人為的に引かれた境界。海外を歩くようになったはじめの頃から、国境を見ることは憧れだった。あれは生まれて二度目の海外旅行だった。バンコクのフロリダホテル前から、チェンラーイ行きのバスに乗った。チェンラーイからは、車をチャーターしてメーサイまで出かけた。バスも走っていたが、それに乗る勇気がなかった。その街は、メーサイ川というそれほどの幅のない川を隔てて、ビルマ（ミャンマー）のタチレクと接していた。川には橋が架けられ、その両側にバーが降ろされていた。僕はその光景をぼんやり眺めていた。人々はまるでのれんをくぐるように、バーをひょいとあげ、橋を越えていった。なかには、バイクの後ろに荷物を積んで渡ってしまう人もいた。橋の中央では物売りがシートを広げ、ビルマの葉巻きやがらくたのような骨董品《こっとうひん》を並べていた。

それは僕が思い描いていた国境ではなかった。両側には兵士が緊張した面もちで警備にあたり、犬一匹渡ることができないような境界……。そんなイメージだった。

タイとビルマの関係は閉鎖的で、人や物が自由に往き来する世界ではないと聞いていたからだ。

僕は人々に倣《なら》ってバーをあげ、橋の上まで出てみた。心臓の鼓動がわかるほどの冒険だった。タイ側のバーの脇には、兵士の詰め所があったが、止められることもなかった。

橋の上で店を開く物売りから、日本軍が使っていたという軍票らしきものを買った。僕の脇をアカ族という少数民族の男や女が列をつくって通りすぎていった。僕はそこから、五メートルほどビルマ側まで進んだ。そのとき、ビルマ側の詰め所からピーッという笛の音が響き、銃を手にした兵士がひとり、近づいてきた。パスポートの提示を求められた。兵士はパスポートをぱらぱらとめくると、警官がヤジ馬を遠ざけるように、手で戻るように指示した。

僕はタイ側に戻り、まだ国境を眺めていた。地元の人々は自由に往来できるというのに、僕は橋の中央あたりまでしか行くことができない国境……。僕はまだ、アジアの流儀を知らない、若い旅行者だった。

大学二年のときだった。いまから三十五年以上も前の話だ。

それ以来、僕はことあるごとに、国境に出かけるようになった。国境おたくのようなものだった。あたり前な話だが、国境の多くは、その国の隅っこだった。当時のアジアは、渡ることができない国境がまだ多かった。その場所まで辿り着いても、ただぼーッと眺めるだけだった。むしろ、国境までの道のりのほうが大変だった。

そうこうしているうちに、アジアの国境が、ひとつ、またひとつと開いていった。ラオスやカンボジアの内戦も終わり、アジアの国境にバーを降ろさせていた東西冷戦構造が、氷が融けるようにゆるんでいった。ただ眺めるだけの国境が、歩いて越えることができるルートに変わっていった。

ある雑誌に、アジアを陸伝いに旅をしていく連載をもった。一九九五年から一九九七年にかけてのことだった。日本は島国だから、船を使い、韓国経由で中国の青島《チンタオ》に着いた。ひと筆書きのように続く旅の実質的な起点は青島だった。そこから一気に南下し、陸路の国境を越えてベトナムに入った。そこからカンボジア、ラオス、タイ。再び北上し、ラオス経由で中国に戻り、進路を西に変えていく。カザフスタン、ウズベキスタン、トルクメニスタンを横断し、カスピ海を船で渡り、アゼルバイジャン。そこからグルジア経由でトルコのイスタンブールに辿り着いた。

この旅は、『歩くアジア』（双葉文庫）という本にまとまったが、ある程度、アジアの情勢に詳しい人たちはこういったものだった。

「行けるようになったんですね。ようやく」

しかし薄氷を渡るような国境越えが続いた。当時のベトナムは陸路の出入国にはビザが必要で、その上、ビザに入国と出国ポイントが明記されていなければいけなかった。ラオスの出入国はもっと曖昧で、国境まで行ってみなければ、越えることができるのかもわからなかった。トルクメニスタンは、その前の国であるウズベキスタンにある大使館が閉鎖中でビザもとれなかった。国境で捕まり、ワイロを使ってビザをとるという旅だった。しかしボロボロになりながらも、なんとかイスタンブールまでの陸路の道がつながった。

国境を歩いて越える……という週末旅を思いついたとき、あの旅を頭のなかで振り返っていた。さまざまな国境があった。多くがイミグレーション手前まで、車や列車が着くことが多く、歩くといっても、両国のイミグレーションの間の数十メートルということが多かった。

しかし中国からベトナムに入る国境は違った。中国とベトナムの仲はよくない。中越戦争という激しい戦いも経験している。両国のイミグレーションが、隣接して建つという親密さは受け入れられず、ふたつの国のイミグレーションは歩いて五分ほど離して建てられていた。その途中の道は舗装も施されていなかった。中間あたりに国境を示す標識があった。あの道をもう一度、歩いてみたかった。日本からの日程を考えると、週末旅向きでもあった。

しかし不安がなかったわけではなかった。

実はその後、この国境を二回、越えていた。二回目に越えたとき、ベトナム側のイミグレーションが建て替えられ、より中国に近づいていた。ふたつの国は過去と意地を棚あげして、交易という実利をとったのだろうか。中国側の山ではトンネル掘削工事がはじまっていた。右肩あがりの経済成長の軌跡を描く中国、そしてベトナムである。幅の広い道路が貫通し、とことこと歩くことが難しい国境に変貌している可能性もあった。そのあたりは、行ってみないとわからないことだった。

今回は、これまでとは逆のルートを歩いてみることにした。ベトナム側のドンダンという町から中国に向かう。駅前の食堂で道を訊《き》いた。言葉はまったく通じなかったが、意図はわかってくれたようだった。ここをまっすぐ行って、三叉路《さんさろ》を左に行って……と掌《てのひら》に指で教えてくれた。不安はしだいに消えていく。教えられた道は、二車線のアスファルト道路だった。大型トラックやバイクが脇を通り抜けていく。かつて、ゆっくりと歩いた未舗装路は、もう姿を消していた。

いや、僕らが歩いている道が、国境に向かっているのかもわからなかった。方向は合っているとは思う。しかし、かつての道とは違うところに、車専用道路がつくられた可能性もあった。

二十分ほど歩いただろうか。強い日射しのなかに、ひとつの看板が出てきた。

『H. N. QUAN 3km』

QUANとは、ベトナム語で中国を示しているのだろうか。しかし、この道を進むしかない。汗を拭い、気をとり直して歩きはじめる。背後からやってきた一台の乗用車が停まった。なにやら声をかけてくる。中国語だった。乗っていけといっているようだった。

「中国人？　ってことは、この道は正しいってこと？」

「たぶん」

「違うっていわれたらまいるよなぁ。この暑さのなか、戻れっていわれても」

進むしかなかった。やがてドンダン橋という高架橋を渡った。下を川が流れ、線路が見えた。中国とベトナムの間は、線路で結ばれていた。北京発ハノイ行きという国際列車が走っていることは知っていた。その線路なのかはわからなかったが、きっとそうだ、と自分にいい聞かせる。この道は、たぶん中国に通じている……。

金曜日の朝に成田空港を出発するベトナム航空に乗った。ハノイに着いたのは、午後の二時すぎだった。中国国境に近いドンダンまでは列車で向かうことにしていた。

列車については、ベトナムに住む知人に調べてもらっていた。ドンダン行きの列車は鈍行しかなく、ハノイ駅発車ではなかった。ハノイ市内のザーラム駅発が朝の六時発、ロンビエン駅発が午後一時五十五分発。この二本だけだった。成田空港を朝に出る飛行機は、どちらにも間にあわなかった。ハノイに一泊し、ザーラム駅を早朝に発車する列車に乗ることにした。

ザーラム駅は、ハノイ中心部から見ると、ソンホン川を渡った対岸にあった。背の高いビルのない下町風情が漂う一画である。駅近くの宿に泊まることにした。冷房があり、インターネットも無料というツインの部屋が二十二万ドン、この日のレートで八百五円だった。南部のホーチミンに比べるとだいぶ安い。ハノイのなかでも、川を越えると安くなるようだった。

翌日の朝は早かった。六時発である。五時半に駅に着いた。ザーラム駅はドンダンだけでなく、ラオカイ行きの列車も発車するターミナルだった。しかし平屋のその駅は、切符売り場の前に待合席が二十ほどあるだけの大きさだった。田舎駅の趣なのだ。列車を待つ人々のなかには、荷物を吊《つ》るす天秤棒《てんびんぼう》をもち込んでいる人もいた。どう見ても田舎駅だった。

ドンダンまでの運賃は六万四千ドン、約二百五十円と申し訳ないほど安い。これが六時間近く乗る列車の運賃なのである。

改札は発車の十分ほど前にはじまった。一本向こうのホームに、かなりくたびれた列車が停《と》まっていた。ザーラム駅には跨線橋《こせんきょう》などないから、線路を渡ってホームに向かう。ホームには各車両にひとりずつの車掌が配置されているようだったが、そのほとんどが、やる気のなさそうにホームでうんこ座りをしている。のんびり煙草《タバコ》を喫っている車掌もいた。緊張感など爪の先もなかった。切符を点検するわけでもなく、ただホームにしゃがんでいる。

座席はすべて木製だった。日本でいったら鈍行の自由席だから、どこに座ってもよかった。車内はぼろかった。ベトナムの列車は、窓に鉄格子がはめられているのだが、それがたわんだり、はずれかかっているものも多かった。僕は以前、ハノイとホーチミンシティの間を走る列車に何回か乗った。いってみれば、これはベトナムの表の顔だった。列車は整備され、車掌たちの背筋も伸びていた。しかし、その

早朝のザーラム駅。平屋の田舎駅風情。これでも始発駅なんです

朝５時台だというのに、街は動いている。ハノイの朝は、すごく早い

幹線からはずれ、ローカルの世界になると、彼らは、これでもかッ、といった具合に手を抜いた。こういう豹変《ひょうへん》ぶりを社会主義というものは、人々の心に植えつけてしまったらしい。しかし車内は妙に清潔に保たれていた。その理由を、定刻に発車した列車のなかで教えられることになる。

発車間際、何人ものおばさん軍団が、大きな荷物を両手いっぱいに持って乗り込んできた。車内の座席はほとんどが空席だったが、おばさんたちは手際よく、ボックス席に散らばり、四人がけ席にひとりという割合で、ほぼボックス席が埋まって列車は発車した。

斜め向かいの席には、大量のベトナム風フランスパンを持ち込んだおばさんがいた。彼女は発車して間もなく、数十本のパンが入った大きなビニール袋を開けた。十本ほどがひと袋に小分けされていた。それを荷棚の上に並べていった。

呆然《ぼうぜん》と眺める僕を尻目に、おばさんはきびきびと動く。その作業は、まるで自分の店をそこに開くかのようだった。

隣のボックス席には、やかんやポット、大型ジャー、コップが入ったビニール製の買い物かごなどを持ったふたりのおばさんが乗り込んでいた。彼女らも、大型ジャーを座席下に入れ、ポットは足許といった具合に、それぞれを配置していった。

「………？」

なにごとがおきるのかと思った。すると、ひとりの車掌が現われた。彼はフランスパンおばさんから、パン一本とプラスチック容器に入ったチーズを受けとると、僕の隣のボックス席にどかっと座った。そしてなにやら伝えると、おばさんはコップのなかに粉末のコーヒーと大量の砂糖を入れ、ポットからお湯を少し入れてスプーンで丁寧にかきまわしはじめた。その間、車掌はパンにチーズをつけて食べはじめている。ようやくコーヒーと砂糖が融けたのだろうか。おばさんはジャーからざらめ状の氷を掬《すく》い、コップに入れて差しだしたのだった。

「朝食？」

朝六時に発車する列車である。車掌たちは朝食を食べていないのかもしれなかった。それは問題ではない。アジアに長くかかわっていると、その裏が見えてしまうのだ。

車掌はフランスパンを食べ終わり、コーヒーを飲み、車両の入口には禁煙マークがついているのにもかかわらず、堂々と煙草を喫《す》った。そして一銭も支払わずに席を立った。

「やっぱりな」

その後、この車内コーヒー店には、次々に客が現われた。乗客もいれば、車掌や車両の整備係もいた。明らかだった。乗客は一杯六千ドン、二十五円弱のコーヒー代を払ったが、鉄道関係者は誰も払わなかった。

ハノイとホーチミンシティ間の幹線を走る列車では、車内販売はすべて職員だった。そのへんのおばさんは入り込むことができなかった。しかしザーラム駅からドンダン駅に向かうローカル線になると、一気に空気は緩み、アジアが顔をのぞかせてきた。おばさん軍団は、車掌たちの朝食や飲み物をただで提供することの見返りに、車内販売の権利を得ていた。

それにしても車内販売のおばさんが多い列車だった。途中駅からも、さまざまな食べ物を抱えたおばさんが乗り込んでくる。パイナップルやザボンのような果物、大型のせんべい、煙草、餅に似た菓子、パックに入ったジュース、冷たい水……。売り子の数は増え続け、一時間ほど走ったときには、乗客数と同じぐらいに膨らんでいた。

鈍行列車だから、冷房などない。日が高くなるにつれて、車内の気温はあがっていく。頼りは天井の扇風機と、窓から吹き込む南国の風だけだ。列車は遅く、登り坂にさしかかると、歩く人に追い抜かれそうなほどのスピードしか出ない。タイム

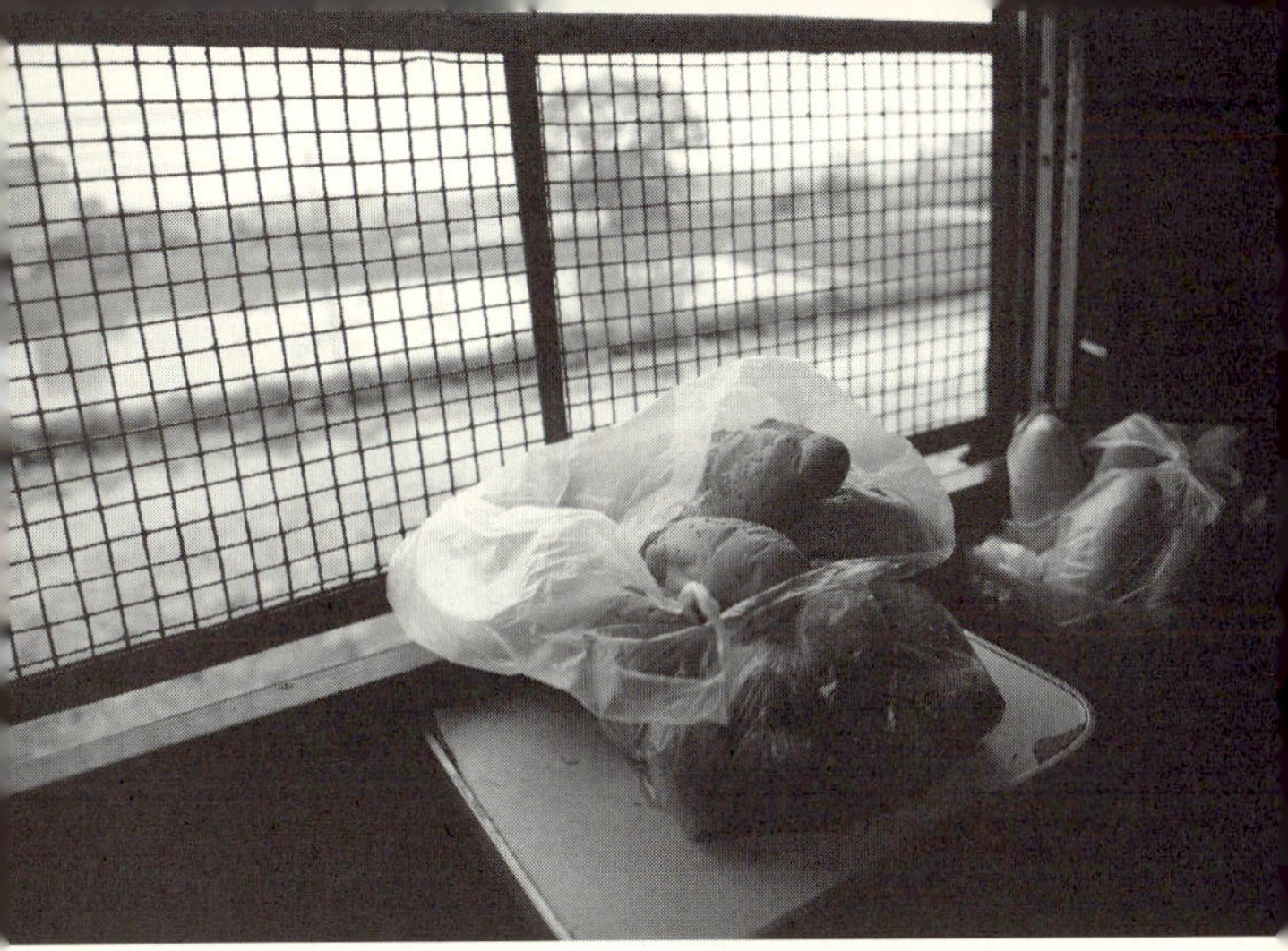

車内に持ち込まれたフランスパン。この５倍ぐらいが荷棚に詰まれている

フランスパンおばさん。老けて見えるが、車内をリスのように歩く

テーブルを無視しているのか、待ち合わせでもないのに、五分、十分と駅に停車する。二時間ほど走ったときには、すでに三十分も遅れていた。列車が停まると、汗が額や腹のあたりを伝いはじめる。ついアイスコーヒーなどの冷たい飲み物を頼んでしまうのだ。

車掌たちに朝食と飲み物を提供することで利権を得たおばさん軍団は、車内がまるで自分の店であるかのようにふるまいはじめた。コーヒーショップのおばさんは、トイレの手洗い水でコップを洗い、窓際に立てかけて水を切っていた。そこを眺めると、ひとつのボックス席が完全に店のように映る。フランスパンをほぼ売りさばいたおばさんは、椅子の上にごろんと横になって寝はじめる。自分の寝床まで決まっているかのようだ。ここまでやってしまうのだ。

車内を歩きまわってきた中田カメラマンがこう報告する。

「コーヒーショップのおばさん、ときどきコーヒーの出前に行くでしょ。その後をついていったら、先頭車両でした。そこは木製のロングシート席になっていて、そのまんなかで、男たちがトランプ博打《ばくち》をしてるんですよ」

車掌たちは、男たちからしょば代をとっているのに違いなかった。

車掌たちは、ほとんど仕事をしなかった。六時間近く乗って、検札にきたのは一回だけだった。あとは座席で携帯電話をいじり、おしゃべりに興じている。一車両に車掌がひとりいるわけだから、その姿はどうしても目立ってしまう。これで給料をもらっていいんだろうか。日本のＪＲの職員がこの列車に乗ったら、目が点になってしまうかもしれない。

はじめのうちは、水田地帯を走っていた。ちょうど田植えの時期だった。水牛が田をおこし、隣の水田では裸足の男や女が踝《くるぶし》まで泥に浸り、苗を植えている。その緑が、車窓に広がる。やがて列車は、こんもりとした山々が続く一帯に迷い込んでいった。

水田が消え、山肌に小さな畑が見え隠れする。

そろそろドンダンだろうか……。

途中で三十分遅れていることがわかったときから、タイムテーブルを確認することもやめてしまっていた。おばさん軍団は、売れ残った品を片づけはじめた。売り物の餅やパイナップルを食べはじめるおばさんもいる。

それが終わると、「さて、やるか」といった感じで腰をあげた。どこに置いてあったのかはわからないが、おばさんたちは手にほうきを持ち、車内やトイレの掃除をはじめた。破損が目立つ車両に比べ、車内が妙に清潔に保たれている理由がやっ

列車はしだいに山がちな土地に入り込む。中国との国境が近づいてくる

とわかった。車掌たちは、車内清掃までおばさん軍団にやらせていたのだ。
列車はこうしてドンダン駅に着いた。

『H. N. QUAN 2km』

二回目の表示が出てきた。登り坂を越えると、前方に、中国の桂林《けいりん》をほうふつとさせるような山が見えてきた。さらに進むと、右手にトラックのターミナルが出現し、その先に、赤と白に塗り分けられたバーが見えてきた。

「国境だよ。たぶん」

時計を見た。ドンダン駅から歩きはじめて一時間近くが経《た》っていた。かつての未舗装路はなくなっていた。そのルートは、二車線の立派な道路になっていた。いくつかの建物が見えてきた。これがベトナム側のイミグレーションのようだった。右手の山には、トンネルの入口が見える。車はそちらを通るらしい。僕らは逆の方向に進んだ。

ベトナムの出国、そして中国の入国は、いたって簡単に終わった。どちらのイミグレーションでも、列をつくっているのはベトナム人だけだった。パスポートの色を見るとわかる。中国観光に出かけるベトナム人ツアーの一団もあった。ベトナム

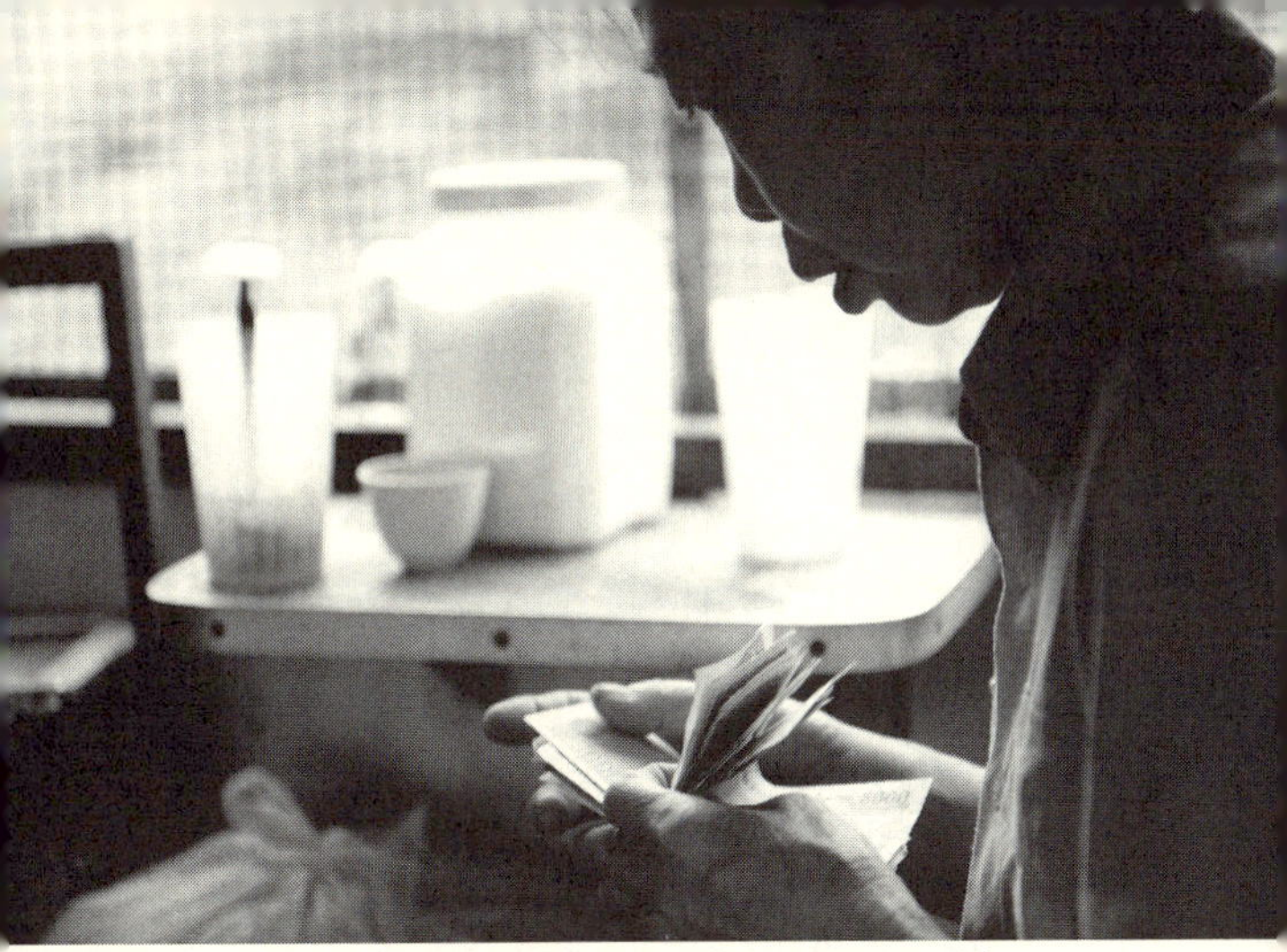

喫茶おばさんが売り上げを数えはじめた。終点のドンダンは近い？

車内清掃も物売りおばさんが受け持つ。ベトナムの列車の車掌たちは本当に働かない

と中国は、南沙諸島や西沙諸島の領有権という火種を抱えている。しかし観光というものは、政治とは無縁のような顔をして広まっていくものらしい。

中国側のイミグレーションの先は、友誼關《ゆうぎかん》と呼ばれる観光地になっていた。国境は両側から山が迫る峡谷のようになっていて、そこに中国式の楼閣が建てられていた。そこに『友誼關』という文字がはめ込まれている。友誼とは、「友情」というような意味で使われているのだろうか。

かつて中国はカンボジアのポル・ポト政権を支援していた。そのカンボジアにベトナムは侵攻した。中国はベトナムへの攻撃をはじめ、北部からベトナム領内に進んでいく。僕らが今日、列車で通ったランソンは一時、中国軍に占領された。一九七九年のことだ。これは中越戦争とも、第三次インドシナ戦争とも呼ばれる。一九八四年には、国境線をめぐって中越国境紛争も起きている。

きな臭い国境に友誼關と命名していく。いかにも中国らしい感覚だった。

国境からタクシーで憑祥《ピンシャン》まで出た。国境から二十キロほどのところにある最初の街だった。街の中央を運河のような川が流れていた。その岸に広がる公園の日陰で、ぼんやりと家族連れやカップルを眺める。

不思議だった。

国境に向かって歩きはじめる。歩く人を想定していない案内板を睨みつつ

道中、歩いていたのは、このおじさんひとりだった。友情すら覚えてしまう

その顔がハノイの人々の顔にあまりによく似ているのだ。

アジアの国境周辺は、境界を越えたところで、劇的に人や風景が変わるわけではない。植生も同じで、そこに吹く風の匂いも変わらない。食べるものも似ている。人々の顔や言葉も近い。国境によっては、国境から数キロまでは、両国の人々の往来を自由にし、その先に最終的なチェックポイントをつくっているところもある。国境というものは、便宜上、線になっているが、実際は幅二、三十キロの帯のようなものなのだ。

しかし行政的な国境を越え、五キロ、十キロと進んでいくと、やはりなにかが変わっていく。看板の文字がその国のものになり、耳に届く音に違和感を覚える。そして視線や顔のつくり、着ているものが少しずつ変化していく。グラデーションのような変化なのだ。

中国とベトナムの国境を通り、憑祥までできた。交わされる言葉は中国語になり、看板は漢字で埋まる。女性の服装は派手になり、ベトナムでは少ないスカート姿が目立つようになる。最近の中国女性の流行は、ときに大胆である。しかし顔が変わらないのだ。

ベトナムという国は、東西冷戦時代に南ベトナムと北ベトナムに分断されたように思っている人は多い。が、実はその前も、南北に分かれていた。フランスが植民地化していくことで、ひとつの国のようになったが、その前は、南にチャンパ系の王国があり、北にはハノイを中心にした李《り》朝という王国が二百年以上も続いていた。以前、南のホーチミンシティで会ったベトナム人がこんなことをいっていた。彼の家は代々、南側である。

「北ベトナムと一緒にならなかったら、南ベトナムは韓国ぐらいまで発展していたかもしれない」

ホーおじさんが行った南北統一を、足許から掬うような言葉を平気で口にするのだ。ベトナムという国は元々、南と北の意識や民族の問題を抱えていた。

北で長く続いた李朝は、中国の影響を強く受けていた。言葉も漢字が幅を効かせていたという。ベトナムの北側と、中国南部は、かなり近い民族なのかもしれなかった。

ベトナムを訪ねた中国人も、同じ印象を受けるらしい。前日の夜、ハノイのザーラム駅に近いホテルで、ひとりの中年の中国人に会った。広州《こうしゅう》から来たといった。

「ベトナムは中国となにも変わらない」

彼はそういったのだった。ハノイはベトナム語の世界である。看板に漢字は少ない。食べ物も広州とは違う。しかし彼は、「中国となにも変わらない」といった。それは表面的な部分を削ぎ落としていけば、同じ核に出合うということなのかもしれなかった。しかし彼がもし、南のホーチミンシティに行ったら別の空気を感じとっていた気がする。

「ベトナムは中国とはなにもかも違う」

そんな言葉を口にしないともいえなかった。ベトナムとはそういう国なのだ。ハノイから憑祥に来たときの違和感のなさは、つまり、そういうことなのかもしれなかった。

夕方、憑祥駅に向かった。実は国境から憑祥に入ったとき、駅に寄っていた。朝、ハノイのザーラム駅の待合室で、ひとつの列車の案内を目にしていたからだ。それはザーラム駅と中国の南寧《ナンニン》を結ぶ国際列車だった。南寧は憑祥から北東に二百キロほどのところにある広西壮《チワン》族自治区の中心都市だった。ザーラム駅の案内ポスターは、ベトナム語、中国語、英語で書かれていた。しかし毎日運行しているのかがわからなかった。窓口で聞いてみたが、職員は僕の英語を理解してくれなかった。

ハノイを発つ飛行機は日曜日の夜である。憑祥に一泊し、再び同じ道を戻ることもできたが、できれば、別ルートでベトナムに戻りたかった。中国からベトナムに入国するには、海岸沿いの東興《ドンシン》市からモンカイに抜ける方法があった。しかし憑祥から東興市まではけっこうな距離があり、南寧を経由しなければならない。日曜日の夜に、ハノイのノイバイ空港に戻ることが難しそうだった。

国際列車に乗ることができたら……憑祥駅で聞いてみることにした。列車は毎日、運行していた。

「切符の発売は夜の七時からです。発車は二十三時四十一分ですが、その前に、この駅で出国手続きをしますから、十時ぐらいに来てくれれば」

「切符は買えるんです？」

「この駅の割りあては二十四枚です」

席はあるような気がした。

七時少し前に窓口に行くと、簡単に切符を買うことができた。列車は一等だった。中国には国際列車はすべて一等というルールがある。一等は中国の列車では軟臥《ルアンウォ》という。一部屋四ベッドのコンパートメントスタイルだった。

しかし運賃は八十四元だった。日本円で千円ほどである。壁に貼ってあった案内を見た。本来は百八十六元なのだが、五五パーセントの割引になっていた。この列車は、運行がはじまって、そう日が経っていないのかもしれない。キャンペーン中のような気がした。

一昨年（二〇一〇年）、僕はユーラシア大陸を列車で横断した。その旅は『世界最悪の鉄道旅行 ユーラシア横断2万キロ』（新潮文庫）という本にまとまったが、そこで乗った列車は、ロシアの寝台車が多かった。一部屋四ベッドのクペーというコンパートメントでは、車掌からシーツや枕カバーを受けとり、自分でセッティングした。しかし中国は違う。洗濯されたシーツがすでに敷かれ、枕にはカバーがかかっていた。こういう経験が少ない僕は、敷かれたシーツを目にしただけで感動してしまう。単純な旅人だった。

憑祥駅から乗り込んだのは八人だけだった。列車は定刻に発車した。次に停車するのは同登だった。僕らが歩きはじめたベトナムのドンダンは、漢字で書くとこうなるらしい。暗い車窓に目をやる。歩いた道が見えるかもしれないと思ったのだ。しかし国境地帯は暗闇が続くばかりで、家の灯ひとつ見えなかった。

ドンダンには、ベトナム時間で夜の十一時半に着いた。中国とベトナムは一時間の時差がある。ベトナム入国審査はドンダン駅の待合室で行われた。ちょうど十二時間前、この駅に降り立ち、この待合室を通ってドンダンの街に出た。

列車に戻り、ベッドに横になると、ことっと寝入ってしまった。朝五時に起き、鈍行列車に乗り、汗みずくになりながら歩いて国境を越えた。その疲れがどっと出たのだろう。

車掌がドアをノックする音で起こされたのは、朝の四時十五分だった。まだ日は昇っていなかった。列車はハノイの下町をゆっくり進んでいた。すでに街は動きはじめ、バイクがライトをつけて走っている。

ザーラム駅には朝の四時五十分に着いた。

駅前のフォー屋に入った。二十四時間前、ドンダン行きの列車に乗る前に、朝食のフォーを食べた店だった。昨日、赤色のTシャツを着ていた店の女性は、ピンクのTシャツになっていた。

「えッ、もう帰ってきたの？」

女性は少し戸惑ったような顔をした。週末アジアの旅だといっても、わかってくれるはずもなかった。

これが今年の夏の中国ファッション？　ベトナムの女性に比べると3倍ぐらいの露出度だ（憑祥）

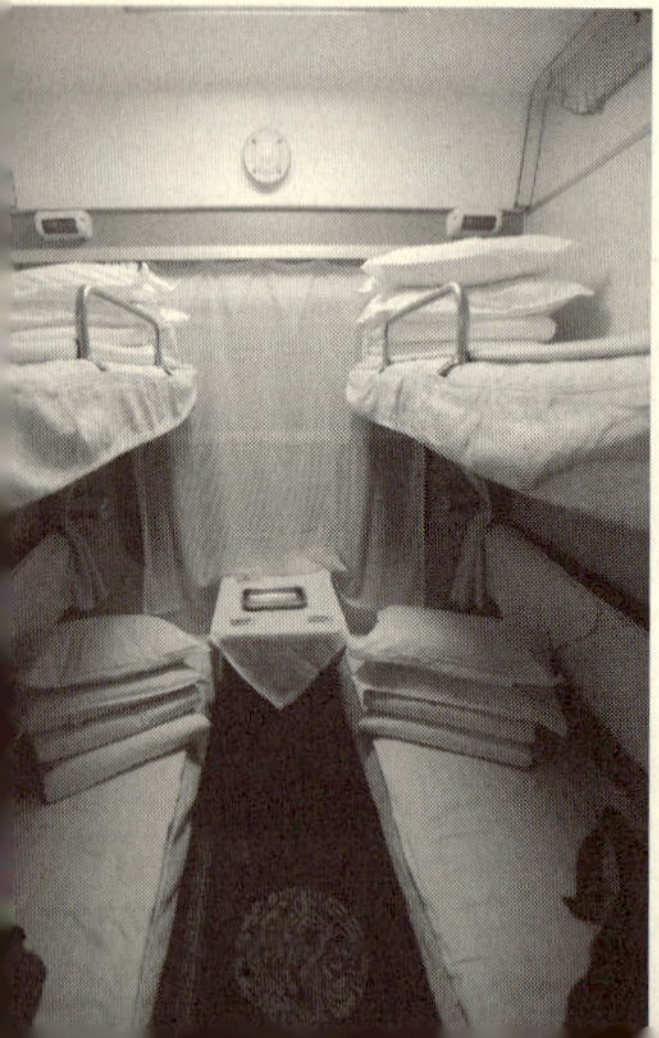

憑祥駅の横に建つイミグレーション。この立派さに、ちょっと戸惑ってしまった

憑祥からベトナムのザーラムに向かう国際列車。コンパートメントにベッド4つのぜいたく

24時間ぶりのザーラム駅。前日、朝食を食べた食堂に入る。驚く店員

ベトナム風フランスパンにコーヒーの朝食。ベトナムに戻ってきた

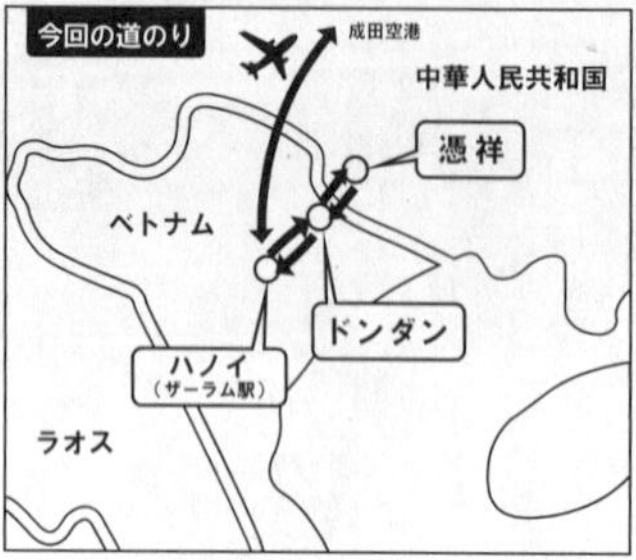

ンダン駅に向かうようなローカル線の確認はなかなかできない。

僕はベトナム在住の知人に調べてもらった。ザーラム駅発ドンダン行きが６時、ロンビエン駅発ドンダン駅行きが13時55分発である。しかしこの時刻も、運航状況によって変わることが多い。

予約はせず、まず駅に行くしかない。しかし、切符は簡単に買うことができる。すべて２等で、座席指定などない。予約の必要はまったくないわけだ。このローカル線に限らず、ベトナムの列車は、特別の時期をのぞいて、そう混み合ってはいない。現地の駅で手に入ると思っていい。

【中国の列車】

第五章のコラムを参照してほしい。憑祥からドンダンまでの列車は国際列車で、すべて軟臥である。通常の硬臥や硬座などはない。

【費用】 ※飛行機代は諸税と燃油サーチャージ代込み

飛行機代（東京―ハノイ往復）……６万3000円（往復／ベトナム航空）
列車代（ハノイ→ドンダン）……約250円
列車代（憑祥→ハノイ）……約1000円

1000ベトナムドン＝約3.9円（2012年４月。取材当時）

１中国元＝約12円（2012年４月。取材当時）

旅の DATA　ベトナム

ハノイのザーラム駅を発車するドンダン行き列車は、1日1便。午前6時発。中国の憑祥から、夜行の国際列車が1日1便。いったん南寧に出、中国の東興からベトナムのモンカイに出る海側の国境もある。しかし南寧からかなり時間がかかる。日本からハノイ往復便を使った。日本からはベトナム航空のほか、大韓航空、チャイナエアラインなどの乗り継ぎ便も利用できる。

【首都圏―ハノイ】

僕らはベトナム航空を使った。直行便は、ベトナム航空と日本航空が、それぞれ1日1便ずつという、いたってシンプルなスケジュール。羽田空港利用はなく、成田空港発着便だけである。

成田空港からハノイの空港までは、ベトナム航空が毎日10時台、日本航空が毎日18時頃という時間帯。帰国便は両航空会社とも夜行便になり、朝に成田空港に着くことになる。毎日便があるので、週末旅の日程は組みやすい。運賃はもちろん、ベトナム航空のほうが安い。

乗り継ぎ便も使いやすい。台北乗り継ぎのチャイナエアライン、香港乗り継ぎのキャセイパシフィック航空は、乗り継ぎ時間も短く、直行便との所要時間の差は少ない。韓国系の航空会社でも乗り継いでハノイに行くことができる。韓国系航空会社は、日本の地方都市の空港に乗り入れている。成田空港に行くより、便利かもしれない。乗り継ぎ便も毎日就航している。

運賃は日本航空の直行便がやや高いが、それ以外は、シーズンによって、最も安い航空会社が変わってくる状況だ。

ハノイ行きの便利なＬＣＣは就航していない。エアアジアでクアラルンプールまで行き、そこからエアアジアでハノイに行く方法がある。運賃とスケジュールしだいといったところだろうか。

【ベトナムの列車】

ベトナム国鉄の英語ホームページには、時刻表がない。ベトナム語のホームページで見ることになるが、そう簡単ではない。加えて、ホーチミンシティとハノイを結ぶ統一鉄道が中心で、ザーラム駅からド

第八章　バンコク

街の底を走るような
運河船に乗って、バンコクの街を
ぼんやり見あげる

プラカノン運河、センセープ運河

バンコクとは三十五年以上のつきあいになる。この街にかかわる本も何冊か書いた。いまでも、月に一回のペースで訪ねている街でもある。

しかしこの街を知れば知るほど、謎も生まれてくる。それは年齢にもよるのだろうか。最近、バンコクの歴史にまつわる疑問も増えてきた。

先日、バンコクには昔、路面電車が走っていたという話を聞いた。ファラムポーンと呼ばれるバンコク中央駅から、サラデーンを通り、西のサムットプラカーンまで延びていたのだという。十三年前に開通した、高架電車、BTSが、バンコク初の市内電車だとばかり思っていた。しかしバンコクには、十九世紀の終わりに、すでに市内電車が存在していたのだ。

昨年（二〇一一年）、バンコクは洪水に見舞われた。中心部に水は入らなかったが、バンコク北部はその被害を受けた。テレビでは連日、盛んに迫る洪水の南限やその水が流れていく方向の解説が続いた。ポイントは運河だった。バンコク北部に迫った水を、どの運河を使って排出させるかという話だった。そして、その運河の話を、さらに詳しく聞いていくと、ラーマ五世の時代……などということになるのだ。ラーマ五世の時代は、年代的には、日本の明治時代とダブってくる。その時代に、バンコクの都市計画は進められていたのだ。

バンコクを流れるチャオプラヤー川は、その一部が運河だという話を聞いたことがあった。バンコクはチャオプラヤー川の河口にできあがった街だ。川はくねくねと蛇行していた。その一部をショートカットする運河の工事が施された。やがて、その運河のほうが水量が多くなり、いまのチャオプラヤー川になったのだという。しかしその工事が行われた年代に耳を疑った。十六世紀だというのだ。当時、バンコクは都ではなかった。王都はアユタヤにあった。そこまで遡上する船の便宜を図ったのだろうが、そこには要塞もつくられている。バンコクはその頃、すでに街の形を整えつつあったのかもしれない。

現代のバンコクに右往左往してきたが、この街は、アユタヤ王朝時代からの歴史が刻まれているのではないか……。そんな思いに駆られるのだ。

バンコクに刻まれた歴史――。あの騒々しい街を思いおこしてみる。あの暑い街を、うつら、うつらと思い浮かべてみる。道を歩きながら、歴史を遡っていくことは難しそうな気がした。増える車に対応するために、その場しのぎの拡張や道路建

チャオプラヤー川に沿って高級ホテルが建ち並ぶ。かつての運河はもう少し上流

設が繰り返された街である。気温が三十度を超える路上で、歴史を探すことも辛そうだった。バンコクの人々の多くは、街の歴史などに関心はなく、昼に食べたカーオ・マン・ガイという鶏飯のたれの味に心を奪われてしまっているから、

「昔、ここを路面電車が走っていたと思うんですけど」

などと、雑貨屋のおばさんに訊いても、視線が宙を舞ってしまうことはわかっていた。

バンコクっ子に頼らなくても、バンコクの歴史らしきものが目に見えるもの……。

運河のような気がした。

船頭は船の上で体を横にして寝入ってしまった。運河にせりだした木製の桟橋のベンチに座って待つしかない。隣に茜《あかね》色の衣をまとった中年僧が座っている。財布のなかから、会員証のようなカードをとりだし、なにやら整理をはじめた。

待つしかない。

向かったのはスクンビット通り沿いのプラカノン。交差点でタクシーを降り、道沿いに少し歩いた。

「きっとこっちに運河がある」

確信があったわけではなかった。しかし道は高架橋のようになり、登り坂になっていった。僕らは水平に延びる側道に入った。古びた市場が広がっていた。高架下には、花屋があり、テーブルを数個置いたそば屋もあった。側道は細くなり、さらに進むと運河に出た。これがプラカノン運河らしい。簡素な桟橋も見える。脇にあった雑貨屋のおばあさんに訊《き》いてみた。

「ここ、船着き場ですよね。船、来るんですか」

「待ってれば来るよ」

待つしかなかった。

桟橋から見あげると、道路の上を高速道路が走っていた。しばらくすると、BTSという高架電車も頭上を走り抜けていった。船着き場のあたりは、高速道路とBTSに日射《ひざ》しが遮られ、澱んだ運河の水が暗さを増していた。水はほとんど動いていないようにも見える。音もしない。行き交う船もない。強い太陽の光と喧噪が弾けるバンコクの表通りの地下に潜り込んだような気分だ。音のない世界だが、湖の底というには、運河は汚れすぎていた。異臭こそないものの、水は遠い昔に、その精気を失ったようにも映る。

二十分ほど待っただろうか。上流の方から一艘のルア・ハーンヤーオが現われた。

バンコクに住む日本人が長尾船と呼ぶ船である。細長い船の後部に、剝きだしのエンジンをとり付けた船だ。チャオプラヤー川を、エンジン音を轟《とどろ》かせて走っている。しかし、この運河では、それほどスピードを出す必要もないらしい。ゆっくりと下ってきた船は、桟橋の前で百八十度向きを変えた。おばさんがひとり乗っていた。彼女が降り、

「さて、船に乗るぞ」

と腰をあげると、船頭が船の上で寝はじめてしまった。

「いつ、出るんです？」

声をかけることもできなかった。

諦めてベンチに腰を降ろした。僧は相変わらず、カードの整理を続けている。突然、三十年前のバンコクに戻されたような気がした。

「いつ出るかわからない……。すいませんねぇ。急に昔のタイになっちゃって」

どうして僕が中田カメラマンに謝らなければいけないのだろう。

密集する市場の隙間を抜けた光が、運河に筋をつくって差し込みはじめた。時計を見ると、午後の四時近い。西日が肌に痛い時間がはじまる。

ひとりの男が現われ、船頭が寝ているところを眺めて、引き返していった。客が

集まらないと船は出ないのかもしれなかった。十メートルほど先に、運河に架けられた橋があった。かつては大型船も航行したのか、歩道橋のように何段もの階段を上らなければ越えられない橋だった。船着き場近くまでやってきた人々は、ほとんどがその橋を渡っていく。

それでも三人の子どもを連れた奥さんが現われ、引き返した男も戻ってきた。これで乗客は七人になった。船頭がむっくりと体を起こした。それを相図に、人々が船に移りはじめた。両手にビニール袋をさげたふたり連れの女性も現われた。船頭はエンジンをかける。時計を見ると、午後四時。この船にはスケジュールがあるのかもしれなかった。

桟橋を離れて間もなく、船は大きく右に曲がった。五十メートルほど進むと、今度は左に百八十度近く旋回した。プラカノン運河は、右に左にと曲がりくねっているようだった。目の前には、建設中のマンションが見える。バンコクという街の底をゆっくりと進んでいく気分だ。

船はその後も、心地よいエンジン音を残しながら、方向をめまぐるしく変えていった。運河の幅は十メートルほどだろうか。行き交う船は一艘《そう》もないから、池を動くみずすましのように気ままに進むことができる。

空が広くなってきた。高い建物が姿を消したからだろう。運河に沿って、その両側にコンクリート製の通路がつくられていた。かつて運河沿いに暮らす人々の足は小舟だったはずだ。隣の家に行くにも、櫓《ろ》を漕いだのだろう。しかしそれでは不便だと、運河の両側に橋のような通路が延々とつくられたらしい。

土曜日の午後だった。Tシャツに短パン姿の男性が犬を散歩させていた。通路に座り込んで釣り糸を垂れる人もいる。奥さんたちは、家の入口の前で立ち話をしている。

入口？　運河に沿った家々を見渡した。通路に沿って扉や塀が続く。そうなのだ。運河に沿った家々は、運河側が出入口になっていた。

船が減速し、コンクリート通路につけられた階段の前に停《と》まった。この船には、船着き場というものがなかった。人々は船頭に声をかけ、自分の家の前で停めてもらうシステムだった。そこに一軒の雑貨屋があった。もちろん、運河に面して店がつくられている。いくつもの重そうなビニール袋をさげたふたりの女性が船を降りた。ビニール袋のなかから、壜《びん》がぶつかる音が聞こえた。店で売る飲み物だろうか。ふたりの女性は顔が似ていたから姉妹なのかもしれない。彼女らが声をかけると、店のなかから子どもが飛びだしてきて、ビニール袋をもちあげている。プラカノン

しばらく待つと船はやってきた。でも船頭が……。暑い午後ですからねぇ

思い出したように乗客がやってくる。寝入る船頭を気にもとめない３人組

の市場に買い出しに行ってきたのだろう。市場の値段に二、三パーツ上乗せして店に並べるのに違いなかった。

見ると店の前に、緑色の大きなゴミ入れと、郵便ポストがあった。ゴミの回収も船に頼っているのに違いなかった。郵便も運河を伝って届けられる。運河はその機能を失っていなかった。

イタリアのベネチアを思い出していた。世界遺産に選ばれ、世界有数の観光地でもあるベネチアは、中国人観光客に席巻《せっけん》されていた。あちこちから響く中国語に気《け》圧《お》され、人の少ない運河沿いの道を歩いていると、ゴミ回収船が運河に停まっていた。ベネチアのそれは優れ物だった。船の上に小型クレーンがすえつけられ、運河縁《べり》に置かれたゴミ容器を釣りあげ、くるりと回転させて船倉にゴミを落として回収していった。世界遺産に指定されても、そこには生活がある。ゴミも出るのだ。それを回収していく光景を目にすると、妙にほっとする。ベネチアの橋は、運河を航行する船がぶつからないようにと、跨線橋《こせんきょう》のような設計になっているところが多かった。しかしのぼり降りする階段は、車椅子の人が越えることができなかった。そこで欄干に、専用のレールをとり付け、車椅子を乗せた台車が電動で移動できるようになっていた。人が暮らす街での福祉サービスだった。

姉妹がプラカノン市場で仕入れた飲み物は、この運河に沿った店に並ぶ

運河の周りはのんびりとした空気に包まれている。雑貨屋で運河端会議？

バンコクにも観光地化した運河がある。水上マーケットである。ダムヌン・サドアクのマーケットが有名で、連日、観光客が訪ねている。しかし現地で観察すると、家は運河に向かって建てられているのだが、裏には村の道路に続く道がつくられ、車が停まっていた。人々の足は車になっていたのだ。しかし、それを隠し、運河の暮らしを演出することで、観光地を維持していた。

ダムヌン・サドアクに着き、舟代の交渉に辟易《へきえき》しながら乗り込む。舟は運河の町をゆっくり進むのだが、観光客のなかには、ただ単にその風景を楽しむだけでは物足りない人もいるから、運河沿いの土産物屋やハチミツ工場などに寄っていく。こうして、観光地としての体裁も整えられていく。

バンコクを紹介するガイドブックには、「東洋のベネチア」などと書かれていて、観光客はダムヌン・サドアクの眺めに納得をしていくのだが、そこは、昔のバンコクを演出したテーマパークのようなものだった。

「あそこより、ずっといい」

とことこと進む船の上で呟《つぶや》いていた。プラカノンから乗った運河船の沿線には、物売りもいなければ、土産物屋もなかった。かつての市場のようなつくりの建物もあったが、そこもひっそりとしていた。周囲に広がるのは、沿線に暮らす人々の生活だけなのだ。それにこの船の運賃は一律十バーツと決められていた。三十円もしないのだ。バンコク観光の枠組みの外側を走る船だった。

その日の午前中、もうひとつの運河船に乗っていた。カオサンに近い民主記念塔から歩いて五分ほどのパーンファーという船着き場から乗り込んだ。マハナーク運河からセンセープ運河を走り、バンカピまでを結ぶ船だった。この運河船は、バンコクの人々の足として機能していた。僕も何回か乗ったことがあった。ボーベー市場、プラトゥーナーム、チットロム、アソーク、ラムカムヘン……とバンコクに詳しい人なら、耳にしたことがある船着き場を結んでいた。朝や夕方には、かなり混みあった。渋滞知らずで市街地まで運んでくれるからだった。

パーンファーからプラトゥーナームまでは、古い街並みのなかを走った。水位は低く、家や寺を見あげるように進む。逆方向に向かう運河船とときどきすれ違う。すると座席の両側に座る客は、吊り下げられたロープを引く。すると船の縁に備えつけてある青いシートがするするとあがる。こうして水しぶきを防ぐのだった。

水はどす黒く濁っていた。ドブ臭い。運河という名前がついているが、実は下水ではないか……と勘繰りたくなるほどの汚水である。乗客は一滴でも衣類につかないようにと、頻繁にロープを引いた。船が通りすぎると、ロープを引く手を離す。するとシートが下がっていく。シートをあげたままにしてもいいのだが、そうすると川風を遮ってしまい、暑いのだ。運河船の両側は、気遣いの人でなければこなせない席なのである。

プラトゥーナームからは、スクンビット通りに連なるビルの裏手を進んでいく。人々にとって、この船はバスや電車のような交通手段だった。パーンファーから終点のバンカピまで二十バーツ。乗客は通勤電車の車窓風景に関心を示さないように、ただ座席に腰をおろし、臭いに耐えていた。

その空気が少しずつ変わってきたのは、クロンタンという船着き場をすぎた頃からだった。後述することになるが、このクロンタンは、バンコク市内につくられた運河の要衝だった。その日の午後に走ったプラカノン運河とセンセープ運河が交わる場所でもあった。

センセープ運河を走る船は、このクロンタンで、方向をやや北東に変える。ビルが少しずつ減り、しだいに住宅街に入っていった。運河の臭いもしだいに薄れていく。

船の終点はバンカピにある寺だった。パーンファーの船着き場から小一時間。は

通勤・通学にも使われるセンセープ運河の船に乗り込む。揺れるからちょっと注意が必要

端の席に座ると、ロープが吊されていた。使い方は下の写真で

ロープを引くとシートがあがる。対向船が通るときの水しぶきを防ぐ。怠ると乗客から睨まれる

じめのうちは、市街地を走る忙《せわ》しさが船内を支配していたが、しだいにのんびりとした運河旅になった。乗ったのは午前十時すぎで、ラッシュが終わった時間帯だったのかもしれないが。

終点の寺の境内で資料と地図を広げていた。

ひとつの資料によると、プラカノンを出発し、クロンタンからセンセープ運河を走り、ラープラオ運河を通って、ドーンムアン空港裏のサパーン・マイ市場まで走る運河船が記されていた。かつてタイの市場に並ぶ物資は、運河を伝って運び込まれた。その伝統を守るような運河船ということになる。これに乗れば、バンコクの街を十字に走るふたつの運河船を体験することになる。僕の頭のなかにあるバンコクの地図が少し変わってくる……。

ドーンムアン空港裏のサパーン・マイ市場に向かった。

なかなか大きな市場だった。以前に一度、訪ねたことがあった。十年ほど前だろうか。そのときに比べると、サパーン・マイ市場は、明るく、清潔に改装されていた。

熱気が渦巻く市場のなかを進んだ。運河はきっと、市場の脇を流れているはずだ。果たして魚のコーナーを抜けると、木製の橋が見えた。その下に運河があった。しかしその水路は、ゴミ捨て場と化していた。運河の幅は五メートルほどあるのだが、黒い水が見えるのは中央の一メートルほどの間だけだった。あとは発泡スチロールの器やビニール袋、木片などがぎっしりと埋めていた。こんなところを、船が走るのだろうか。橋を渡り、その先にあるもうひとつの橋の上に立ってみた。二本の運河が交わり、その周囲には高床式の家が連なっていた。しかしその運河もひどく汚れ、水の流れは止まり、中央あたりは泡が浮いていた。一艘の船も見あたらなかった。通りすがりの男性に訊いてみた。

「ここに住みはじめて一年になるけど、運河船は一回も見てないな」

船の運航をやめてしまったのだろうか。市場に戻り、裏手でトランプ博打《ばくち》に熱をあげている男たちに尋ねてみた。

「船はもう走っていないよ」

「去年の洪水で？」

「いや、もっと前から、船はこの市場まで来なくなったよ。客が少なかったからなぁ」

さて、どうしようか。再び地図を広げてみた。この市場まで運航していた運河船の南の基点はプラカノンだった。ひょっとしたら……航路を短くした可能性があった。クロンタンまでかもしれない。クロンタンなら今朝、乗ったセンセープ運河を走る船と交差する。つまり、プラカノンからクロンタンまで走り、そこでセンセープ運河を走る運河船に接続するというルートである。そうすれば、プラカノンからプラトゥーナームまで渋滞なしで行くことができる。乗客も増えるかもしれない。

確証のない推測だった。しかし行ってみるしかない。僕らはプラカノン運河の船着き場に向かうことにした。

プラカノンで運河船に乗るとき、船頭に終点を聞いた。

「イアム市場」

と教えてくれたが、いったいそこがどこにあるのかわからなかった。

「クロンタンの近くにそんな市場があるんだろうか」

プラカノン運河を走る船から、周囲の風景に目を凝らしていた。遠くに眺める高速道路やワット・マハープット、ワット・トーンナイ……といった寺の名前を目にしながら、これまでバンコクで訪ねたエリアの記憶を総動員させていた。プラカノン運河には、何本もの支流があった。そこに表示された地名らしきタイ語も必死に読もうとした。しかし、記憶に引っかかるものはなにひとつ出合えないまま、船は

サパーン・マイ市場。手前のランブータンは10個で30円もしない安さ

市場裏の運河で船を探す。運河は濁り、悪臭を放っていた

進んでいった。

センセープ運河に比べると、水はだいぶきれいなようで、男の子たちが運河に飛び込んで遊んでいる。運河に沿った通路には、ところどころにベンチがつくられ、ぼんやりと運河を眺める人も多かった。強い日射しも、少しずつ勢いを失いはじめている。運河沿いに家は途切れることなく続いた。相変わらず、プラカノン運河は蛇行を繰り返し、いったいどの方向に進んでいるのかもわからない。

突然、モスクが現われた、たまねぎ型の屋根が西日に輝いている。そこで男がひとり降りていった。次の船着き場でふたり降り……と、しだいに乗客も減っていく。船内を見ると、母親と子ども三人、そして僕と中田カメラマンだけになっていた。

視界が急に開けてきた。周囲には工場の建設用地のようなあき地が広がりはじめていた。

「あそこが終点」

子どもを連れた母親が教えてくれた。時計を見た。四十分ほど運河船に揺られたことになる。

午前中、センセープ運河を走る船から見たクロンタンの風景とは違っていた。センセープ運河に合流するクロンタンまで行くという読みはみごとにはずれてしまっ

水路沿いに不思議階段。船の高さに合わせた？　でもどうやってつくった？

かつてバンコクに暮らす人の大半は、水上生活だったという。こういう高床式の

た。

終点は、運河に架かった橋の下だった。船を降りながら、母親に訊いてみた。

「ここがイアム市場?」

「そう。あの道の向こうに市場があるんです」

「クロンタンじゃなくて?」

「クロンタンに行きたかったの?」

「いや、そういうわけじゃないんだけど……」

「クロンタンはあっち」

とあき地の方角を指差した。

「で、この通りは?」

頭上の橋を見あげながらいった。

「シーナカリン通り」

「シーナカリン?」

思っていた方向とまったく違っていた。シーナカリンは、バンコクの中心部から眺めると西の方角になる。スワンナプーム空港の手前である。僕らはだいぶ西に来てしまったようだった。

運河船で引き返すしかなかった。運河にかかる橋を渡り、運河の反対側の船着き場に向かった。

船着き場に、運河を説明する案内板が立っていた。それを読むと、この運河はブリロム運河というらしい。プラカノン運河というのは俗称だろうか。あるいはこのあたりから先をブリロム運河というのかもしれない。完成したのは一八七七年だった。クロンタンから掘った運河は、バンパコン川に達していた。

バンパコン川はチャオプラヤー川と平行するように流れ下っている。水系はチャオプラヤー川の東側に広がり、バンコク市の東隣にあるプラチンブリー県で海に流れ込んでいた。このふたつの川を結ぶ運河があるという話は聞いたことがあった。ラーマ五世時代につくられたという話だった。それがこの運河だったのだ。マハナーク運河、センセープ運河、プラカノン運河、ブリロム運河と名前こそ変わるものの、運河は東西に流れる川を結んでいた。

バンコク、そしてその近郊の地図を頭のなかに描いてみる。そして昨年の洪水を思い起こしていた。

昨年九月、タイ中部が洪水に見舞われた。その水塊が南下し、十月にはアユタヤに水が入り、多くの工業団地が水没してしまった。その水がゆっくりとバンコクに迫っていた。南下のスピードは遅く、アユタヤからバンコク北部に到達するのに一カ月近くかかった。

ドーンムアン空港を水没させ、水はさらに南下していった。バンコク中心部に住む人々は、家や店の前に土嚢《どのう》を積みあげたり、ブロック塀をつくったりして、迫る水に備えはじめた。学校は休みになり、高架状の高速道路の路肩は、避難した車で埋まった。床上浸水したエリアでは、電気が切断されたため、人々は水のない土地へと移動していった。その姿は、日本のテレビでも繰り返し映しだされた。

しかし、バンコクの洪水は北部で止まった。

「あれだけの洪水でも、センセープ運河から南へは水が流れ込まなかった。センセープ運河がバンコクを守ってくれた」

落ち着きをとり戻したバンコクの人々は、しきりとそういったものだった。この運河は、ラーマ五世時代につくられた。その工事に、タイとの戦争に負けたラオス人捕虜を使ったことはよく知られている。

センセープ運河――。

それは単独の運河かと思っていた。しかし前述したチャオプラヤー川とバンパコン川を結ぶ運河の一部だったのだ。

これらの運河群に水を防ぐ堤防があるわけでない。バンコク市内を南北、そして東西に延びる水路である。

バンコク市は、この運河の水門を開けたり、閉めたりしながら、ぎりぎりのところで、水塊を海に流していた。

そのカラクリはこうなる。チャオプラヤー川とバンパコン川の水位を測り、バンパコン川が低いとする。とチャオプラヤー側につくられているサムセーン運河の水門を開ける。当然、チャオプラヤー川からこの運河に水が流れ込む。その水はセンセープ運河を通り、ブリロム運河を流れてバンパコン川に辿りつき、海に放流されるのだ。低いデルタ地帯に広がるバンコクは、そのあたりの調整が難しい。バンパコン川の水位が、チャオプラヤー川より高いと、逆にバンパコン川から水がバンコク市に流れ込んでしまうのだ。その頃あいを調整し、水門を開け、ときに水門を閉じ、バンコク中心部を守ったことになる。

ドーンムアン空港が水没したから、その裏手にあるサパーン・マイ市場も水のなかだった。しかしその水も、運河を伝ってクロンタンに辿り着き、ブリロム運河に入っていったのだ。

今回の洪水で、運河が果たした役割は大きかった。そしてその運河は、百三十年以上前に掘られていた。

バンコクの運河の意味が少しだけわかった気がした。張りめぐらされた運河は、物資を運ぶインフラだった。人々の暮らしは、運河に沿って営まれていた。しかし同時に、運河は洪水から街を守る役割を担っていたのだ。

目の前にブリロム運河があった。この運河建設は、高架電車や地下鉄をつくるより優れた都市計画に映る。その遺産でバンコクは守られたような気にもなるのだ。

翌日、チャオプラヤー川を遡る船に乗っていた。かつてのチャオプラヤー川の流れを、船で辿ってみようと思ったのだ。

乗った船は、プラカノン運河を走った船と同じタイプだった。ルア・ハーンヤーオである。タクシン橋を出発した船はチャオプラヤー川を遡上した。やがて左手に白いウイチャイプラシット要塞が見えた。ここから上流のシリラート病院あたりまでのチャオプラヤー川は運河だった。話は十六世紀に遡る。低地を流れるチャオプラヤー川は、大きく蛇行しながら海に向かっていた。アユタヤまでの上り下りには不便で、ショートカットする形で、いくつかの運河が掘られた。年月が流れ、さもその運河が本流のようになってしまったが、ワット・アルンやワット・プラ・ケオの脇を流れる部分は、運河だったのだ。

地図を眺めた。トンブリー地区に、大きく蛇行する細い流れがある。いろいろな資料で調べてみると、これが本流の名残だった。

果たしてそこを船で航行できるのかもわからなかった。

ルア・ハーンヤーオは、タクシン橋の船着き場に数多く係留されている。そこで交渉することにした。係の男の前で地図を広げ、丁寧に説明した。

「シリラート病院の脇から入って、バーンコークノイのあたりを進む。この水路をぐるっとまわって、南下する。ほら、この水路。ずっと南下してバーンコークヤイまできて、ここで曲がって要塞に出るルートなんだけど。行けますか？」

すると男は地図をさらっと見ただけで、こういったのだった。

「行けるよ。で、タリンチャンはどうする？」

「タリンチャン？」

「水上の食堂が何軒かある。そこで食事をするんなら、プラス五百バーツ」

「はッ？」

「それは水上マーケットのルートだよ。二時間コース。もっとも最近は、ダムヌン・サドアクの水上マーケットの方が人気だから、行く人は少ないけどね。それに観光客にしたら、このルートは長いから、飽きるらしい。ツアー客は途中で引き返して一時間コースにすることも多いけどね」

「そ、そうなんですか。で、いくらに？」

「二千バーツ。定価さ」

そういうことだった。

三十年ほど前のバンコクを思い出した。市内に泊まり、水上マーケットを訪ねることは、定番の観光メニューだった。僕は観光地には興味が薄い旅行者なので、一回もそのツアーに参加したことはなかったが、そのコースが、古いチャオプラヤー川の流れだったのだ。

この水上マーケットの写真は、いまでもバンコクの観光ポスターに使われている。小舟の上に果物や雑貨、ソムタムやタイのソーセージなどを載せた物売りたち。皆、頭には竹か菅で編んだ笠をかぶっている。いまは水上マーケット観光の中心は、郊外に移ったが、当時はここが中心だったのだ。

なんだか気分が萎えてしまった。自分のなかでは、本来のチャオプラヤー川のルートを探しあてていくような船旅を思い描いていた。十六世紀のことだから、当時の面影など残っていないだろうが、かつての川筋を思い描きながら、船に乗ってみ

かつての本流の周囲には木造家屋が続く。しかし住んでいる人は少ない

タリンチャン。しばらく前まで、水上マーケット観光のメッカだった。水上に食堂が並ぶ

観光客にものを売ってくれる小舟が近づいてくる。飲み物、ビール、魚の餌用のパン……なんでもある

たかった。そのルートが、水上マーケットという観光地になっていたとは……。

気分をとり直して船に乗り込んだ。指示した通り、シリラート病院脇から水路に入っていく。さっそく小舟に乗った物売りが現われる。なんでもこの先の寺の前で、魚の餌づけをしているのだという。

「そこでこのパンをちぎって投げると、魚が集まってきて、そりゃ、面白いよ。このパン一斤で十バーツ」

鼻白むような観光地だった。船頭も慣れたコースで、このあたりでパンを買うことが決まりごとらしい。

流れの両側は、高床式というより、水上家屋のような家々が続いていた。しかしその多くが空家だった。ここを訪ねる観光客が減り、商売にならなくなってしまったのかもしれなかった。タリンチャンにある水上の食堂街も観光客の姿は少なかった。

そこを過ぎると、川幅も狭くなっていく。タリンチャンで引き返してしまう人々が多いらしく、どこからともなく生活の匂いが漂いはじめる。船のオイルを売る店があり、雑貨屋もある。やがてそんな店も消え、あたりには林や沼地が広がりはじめた。それが観光地というものらしい。ポイントをはずすと、急に人気《ひとけ》がなくなってしまうのだ。

前日の夕方に同じルア・ハーンヤーオで辿った運河の沿線がなぜか懐かしかった。物売りの姿はなかったが、家が途切れることはなく、運河に沿ったひとつの生活圏ができあがっていた。人々は運河とともに暮らし、その運河は、洪水の排水路にもなっていく。

しかし一時、水上マーケットという観光地に仕立てあげられ、やがて、その場所がほかに移っていくと、人の血が通わないささくれだった姿だけが浮き立ってきてしまうのだ。途中、大型のトカゲが水路を泳いでいた。それほど人の手が入らない世界になってしまったのか。このトカゲも、観光客めあての演出なのか。そう勘ぐってしまう。なぜか切なかった。

水路の水はそれほど汚れていない。と、なると、
すぐ飛び込む単純な子どもたち

かつてバンコクは運河の街だった。運河に沿って寺が多いのはそのためだ

家々の前に鉢植えの花。運河船の旅の目は楽しい

観光船から途中下車したらしい女性ふたり。船がなければどこへも行けないことを実感？

大型トカゲはこの後、ゆっくり岸にあがって雑木林に消えていった

バンコクは乾季。しかしチャオプラヤーの水量が豊富だった

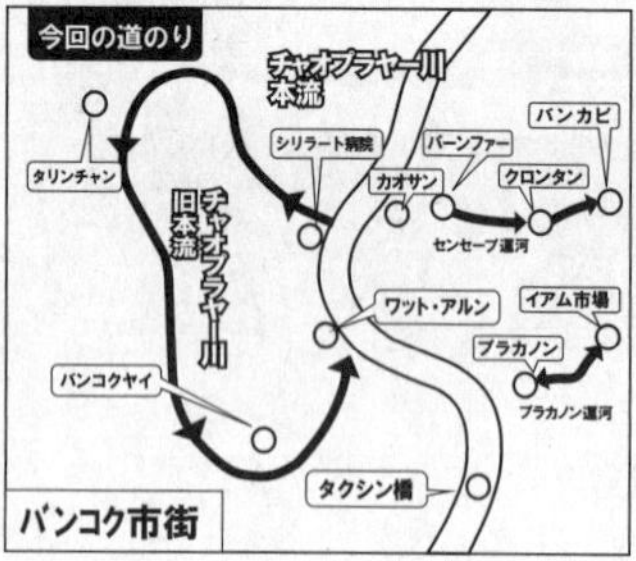

行便の選択ができる。この２社を使った週末旅は、土曜日に出発し、日曜日の夜行便で帰国するというプランを立てることもできる。ベトナム航空以外は、羽田空港にも乗り入れている。それらをうまく使う方法もある。

【バンコク市内の交通】

センセープ運河の船着き場は、バンコクの高架電車であるＢＴＳや地下鉄の駅には近くない。プラトゥーナーム船着き場は、ＢＴＳのチットロム駅から歩いて10分ほどだ。バンカピの終点まで乗ってしまうと、市街地に戻るには、バスかタクシーになってしまう。

プラカノン運河はＢＴＳのプラカノン駅から歩いて行くことができる。ただし終点まで乗ると、センセープ運河同様、バスかタクシーで戻ることになる。

チャオプラヤー川の船が出るタクシン橋は、ＢＴＳのサパーン・タクシン駅からすぐのところにある。ただし、この駅は近々、閉鎖されることが発表されている。その場合は、ひとつ手前のスラサック駅から歩くことになる。

【費用】 ※飛行機代は諸税と燃油サーチャージ代込み

飛行機代（東京―バンコク）…………４万5000円（往復／ベトナム航空）
運河ボート（パーンファー→バンカピ）……………………………約50円
運河ボート（プラカノン―イアム市場）……………………約50円（往復）
チャオプラヤー旧本流ボートのチャーター代…………………約5000円

１バーツ＝約2.6円（2012年４月。取材当時）

旅のDATA　バンコク

バンコクまでの飛行機便は多い。東京からは金曜日の夕方に出発する直行便や経由便のほか、マレーシアのクアラルンプール経由になるが、ＬＣＣのエアアジアが土曜日の朝にバンコクに着く。帰国便を考えれば、ＬＣＣより直行便や経由便のほうが便利だろう。

【首都圏―バンコク（直行便）】

成田空港からの直行便は１日10便前後、羽田空港からは３便がある。

直行便は、タイ国際航空、日本航空、全日空、デルタ航空、ユナイテッド航空。午前便から夕方便まであるが、週末旅向きといったら、午後６時頃以降に出発する夕方便だろうか。日本航空、全日空、デルタ航空、ユナイテッド航空である。

直行便で帰国用に使えるのは夜行便だろう。バンコクを深夜に出発し、成田空港に朝到着するフライトで、タイ国際航空、日本航空、全日空の運航がある。

週末旅を考えたら、羽田空港便も好都合だ。タイ国際航空、全日空、日本航空が就航しているが、どれも出発は午前０時をまわる。金曜日に仕事が終わってから、余裕で間に合うスケジュールだ。帰国便は日本航空、全日空が夜行便になる。

ただしタイ国際航空、全日空、日本航空といったところが、どうしても運賃が高めになる。デルタ航空、ユナイテッド航空のほうが安い。

デルタ航空かユナイテッド航空の金曜日の便で向かい、月曜日に帰ってくるプランがリーズナブルかもしれない。

【首都圏―バンコク（乗り継ぎ便）】

乗り継ぎ便を就航させている航空会社も多い。なかでもよく使われているのは、チャイナエアライン、キャセイパシフィック航空、ベトナム航空、中国東方航空などだ。運賃も直行便のタイ国際航空、日本航空、全日空などに比べると安い。

チャイナエアラインとキャセイパシフィック航空は、行きも帰りも昼間の便になる。土曜日の朝に発ち、月曜日に帰国する日程だろうか。

ベトナム航空と中国東方航空は、行きは昼間の便だが、帰国便は夜

週末《しゅうまつ》アジアでちょっと幸《しあわ》せ　朝日文庫

2012年8月30日　第1刷発行

著　者　下《しも》川《かわ》裕《ゆう》治《じ》
写　真　中《なか》田《た》浩《ひろ》資《し》

発行者　市川裕一
発行所　朝日新聞出版
〒104-8011　東京都中央区築地5-3-2
電話　03-5541-8832（編集）
03-5540-7793（販売）
印刷製本　大日本印刷株式会社

ISBN978-4-02-261737-8